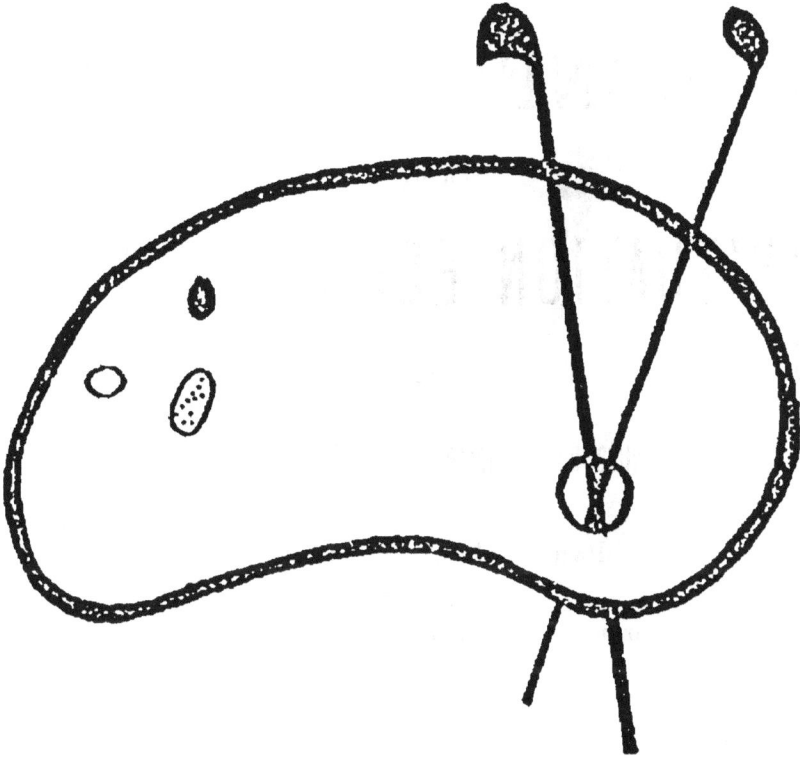

COUVERTURE SUPLRIEURE ET INFERIEURE
EN COULEUR

CONFÉRENCE

SUR LA

SITUATION ÉCONOMIQUE

DE LA FRANCE

Les Traités de Commerce et les Tarifs de Douane

PAR M. P. ACLOCQUE

ANCIEN DÉPUTÉ
MEMBRE DU CONSEIL GÉNÉRAL DE L'ARIÉGE

Théâtre de Foix, 24 Avril 1879

FOIX

TYPOGRAPHIE ET LITHOGRAPHIE POMIÈS

1879

FOIX
IMP. POMIÈS

CONFÉRENCE

SUR LA

SITUATION ÉCONOMIQUE DE LA FRANCE

CONFÉRENCE

SUR LA

SITUATION ÉCONOMIQUE

DE LA FRANCE

Les Traités de Commerce et les Tarifs de Douane

Par M. P. AGLOCQUE

ANCIEN DÉPUTÉ
MEMBRE DU CONSEIL GÉNÉRAL DE L'ARIÈGE

Théâtre de Foix, 24 Avril 1879

FOIX

TYPOGRAPHIE ET LITHOGRAPHIE POMIÈS

1879

CONFÉRENCE

SUR LA

SITUATION ÉCONOMIQUE DE LA FRANCE

Les Traités de Commerce et les Tarifs de Douane

Par M. P. ACLOCQUE

ANCIEN DÉPUTÉ

MEMBRE DU CONSEIL GÉNÉRAL DE L'ARIÈGE

M. Aclocque s'adresse en ces termes à ses auditeurs :

Messieurs,

Avant de commencer l'exposé des théories que je me propose de vous faire entendre, je crois devoir vous soumettre une proposition. Mon intention est non-seulement de vous exposer ma manière de voir, mais de me déclarer prêt à écouter les contradictions. D'un autre côté, je m'engage à ne pas m'égarer sur le terrain politique et à rester d'une façon absolue sur le terrain économique. Dans ces conditions, il me paraît que, pour que la discussion soit régularisée et ne puisse se déplacer, il serait sage de constituer un bureau et d'élire un président et un secrétaire. Je n'ai voulu faire aucun choix, m'en rapportant à ceux qu'il vous plaira de me désigner.

Je vous demanderai donc, avant de commencer la conférence, de vouloir bien nommer un président et un secrétaire, en un mot un bureau qui ait la police de notre réunion.

Après quelques minutes de silence, l'un des assistants, M. Izard, maire de Ganac, ayant consulté ses voisins, se lève et dit :

« On pourrait nommer M. le comte de Houdetot président et M. Bresson fils secrétaire. Je crois que ces deux noms réuniront les suffrages de tout le monde. »

M. Aclocque. — Si personne, comme je le pense, ne fait d'opposition, et si Messieurs le comte de Houdetot et Bresson fils veulent bien accepter de composer le bureau, je leur en serai personnellement reconnaissant.

M. le comte de Houdetot et M. A. Bresson déclarent accepter les situations qui leur sont offertes.

PRÉSIDENCE DE M. LE COMTE DE HOUDETOT

M. le Président : M. Aclocque a la parole.

M. ACLOCQUE :

Mesdames et Messieurs ,

Ma première parole sera pour remercier M. le maire et le conseil municipal du gracieux concours qu'ils ont bien voulu me prêter, pour vous témoigner à tous ma reconnaissance de l'empressement que vous avez mis à répondre à l'appel que j'ai pris, la liberté de vous adresser.

La présence , en ce lieu, des notabilités qui m'environnent est un témoignage de l'intérêt puissant qui s'attache à la question que je vais avoir l'honneur de traiter devant vous. Il n'en est pas de plus sérieuse , de plus grave dans ses conséquences.

Il s'agit de choisir entre trois solutions : faire un pas en avant dans la pratique de la liberté commerciale , prolonger l'expérience commencée depuis 19 ans , ou bien , au contraire , faire un pas en arrière pour conserver à la France son travail menacé et lui donner la prospérité qui doit assurer sa grandeur et son indépendance.

Nous avons à résoudre ce délicat et difficile problème , et voilà pourquoi je m'engage à ne pas m'égarer sur le terrain politique, qui n'a rien à faire ici.

Il ne s'agit pas, en effet, de rechercher comment la France vivra, mais de savoir si elle vivra. *(Très-bien.)*

Je ne me dissimule pas les difficultés de ma tâche et l'aridité du sujet que je vais traiter, mais je me rassure en pensant au courant si énergique qui s'est manifesté depuis quelques mois en faveur de la cause dont je suis ici l'avocat. Je me sens encouragé par le souvenir de la bienveillance dont ce département m'a donné tant de preuves depuis qu'une communauté d'intérêt et des dangers courus ensemble m'ont valu l'honneur d'être compté au nombre de ses enfants.

Enfin, je parlerai avec la conviction absolue que la cause que je défends, en m'appuyant sur les données de l'expérience et de la pratique, est la cause des intérêts agricoles, commerciaux, industriels de l'Ariége, que c'est celle de la fortune de la France ! *(Applaudissements.)*

Messieurs, pour arriver à bien faire comprendre l'ensemble de la question que je vais avoir l'honneur de traiter devant vous, j'adopterai, si vous le voulez bien, le programme suivant : Nous examinerons ensemble quelle est la question soumise en ce moment aux pouvoirs publics, c'est-à-dire quels sont les tarifs actuellement soumis aux Chambres et par quelle série de tarifs successifs ils ont été précédés ; nous examinerons ensuite quelles ont été les conséquences des traités de commerce de 1860; cela nous conduira à constater l'étendue, l'intensité, les causes de la crise que traversent aujourd'hui le commerce, l'industrie, l'agriculture. Enfin, nous examinerons les différents systèmes en présence, ayant pour but de conjurer cette crise et de porter un remède à tous nos maux. J'aurai l'honneur de conclure, puisque je parle au nom de *l'Association de l'industrie française*, en vous soumettant le

programme que cette association a adopté , c'est-
à-dire le système qui , d'après elle , serait de
nature à sauvegarder à la fois les intérêts du
producteur et ceux du consommateur. *(Très-bien.)*

Je dois débuter par vous faire ce que j'appellerai
l'historique des tarifs douaniers , c'est-à-dire par
l'exposé des difficultés par lesquelles nos pères ont
passé pour établir ces tarifs, que nous devons aujourd'hui reconstituer sur des bases nouvelles ou
maintenir sur celles qui sont en activité en ce
moment.

Sous l'ancien régime , avant 1789 , la France était ,
vous le savez, divisée en provinces. Chaque province
avait ses tarifs particuliers parce qu'elle avait ses
droits et ses privilèges. En vain Colbert, le grand
ministre d'un grand roi , comprit-il qu'il fallait
introduire le système de l'unité dans l'établissement
des droits. En vain Colbert s'efforça-t-il de proposer
un tarif unique applicable à toutes les frontières
françaises. Certaines provinces ne voulurent pas
abandonner des privilèges plus ou moins contestés
et contestables (je citerai notamment la Provence ,
le Dauphiné , la Bretagne , etc.) et conservèrent ,
malgré les édits royaux , des droits qui leur étaient
propres ; de telle sorte que des marchandises qui
partaient, je suppose, de la Provence pour se rendre
en Bretagne avaient à acquitter , avant d'arriver à
destination , huit taxes successives qui rendaient les
échanges impossibles. Demandez-vous ce que pouvait
être le commerce et l'industrie avec les entraves
qui leur étaient apportées et que je viens de vous
signaler.

Aussi n'est-il pas surprenant que les cahiers des notables fussent remplis des doléances de ceux qui demandaient aux États de 1789 l'abolition des taxes intérieures.

Ce fut le 5 novembre 1790 qu'une loi abolit les taxes intérieures et créa l'unité française devant les tarifs. Mais ce ne fut que l'année suivante, les 15 mars et 22 août 1791, que les tarifs furent définitivement établis. Ces tarifs étaient relativement modérés pour l'entrée des marchandises étrangères ; mais nos pères n'étaient pas très-forts en économie politique, et, pour conserver au travail national les matières premières produites par le sol français, ils frappèrent d'un droit excessif les marchandises à leur sortie, paralysant ainsi les échanges.

Ce régime ne fut que peu d'années en vigueur : je n'ai pas besoin de vous rappeler combien cette époque de notre histoire fut troublée. La France, attaquée par les puissances de l'Europe coalisée, n'était préoccupée que de la défense du sol même de la patrie. Nos aïeux savaient bien que nous avons un ennemi traditionnel, c'est l'Angleterre ! Si nous ne le retrouvons plus sur les champs de bataille, nous le retrouvons sur le terrain économique, plus dangereux peut-être pour notre prospérité et plus funeste encore. Ils sentirent que c'était contre l'Angleterre qu'il fallait lutter et pensèrent qu'ils auraient paralysé les efforts de leurs ennemis coalisés, quand ils auraient porté un coup mortel à ce rude adversaire. Comme l'Angleterre est une nation exclusivement commerçante et industrielle, c'est dans son commerce et dans son industrie qu'ils cherchèrent à l'atteindre, et, par la loi du 10 brumaire an V, c'est-à-dire du 31 octobre 1796, ils frappèrent d'interdit toutes les marchandises d'origine anglaise ou réputées telles.

Vous comprendrez facilement les conséquences d'un pareil système, qui n'avait pu prendre sa source que dans le sentiment national profondément surexcité ; du même coup il frappait d'interdit toutes les denrées coloniales.

L'empereur Napoléon ne fit qu'aggraver la situation prise à l'égard des Anglais ; il décréta le *blocus continental*. L'empereur fut un grand maître dans l'art de la guerre, un administrateur consommé, mais un économiste médiocre. La prohibition absolue est un danger, elle présente des inconvénients immenses. Il en est beaucoup parmi vous qui se rappellent avoir entendu leurs grands-pères dire qu'à cette époque le sucre et le café, dont l'usage est maintenant entré dans les mœurs, coûtaient un prix exhorbitant. Aussi, lorsque Napoléon fut tombé, la préoccupation la plus générale fut de réclamer des modifications au système économique. Le gouvernement n'eut plus qu'une pensée : modifier les tarifs de douane, les rendre plus faciles pour l'entrée des marchandises étrangères et surtout faire cesser les prohibitions. En 1819, l'agriculture, laissée dans un état absolu d'abandon, réclamait une attention toute particulière : on chercha à la seconder. Elle manquait de bras, les cultures avaient été négligées, les troupeaux avaient disparu en partie. On s'occupa d'abord du blé. C'est ainsi qu'en 1819, le 20 juillet, fut adopté le système de l'échelle mobile. Vous savez en quoi il consiste, je n'ai pas besoin de le développer devant vous; il est du reste aujourd'hui abandonné. En 1822, les plaintes de l'agriculture devenaient de plus en plus vives; toute l'attention du gouvernement fut attirée de nouveau sur sa situation; on augmenta les tarifs en ce qui concerne l'entrée des bestiaux.

L'étude des préliminaires de la loi de 1822 présente un fait intéressant que je crois devoir vous rappeler : on trouve dans l'exposé des motifs de M. de Bourrienne, alors directeur général des douanes, les phrases suivantes, dont je vous demande la permission de vous indiquer le sens :

« Les Anglais, ils le reconnaissent et le procla-
« ment eux-mêmes, ont une industrie qui ne ren-
« contre plus de rivale; ils doivent cet état de
« choses à deux siècles de protection, et ils convient
« les peuples à les suivre sur le terrain du libre-
« échange; je ne pourrai conseiller à mon pays de
« répondre à leur invitation que lorsqu'on pourra
« dire de l'industrie française ce que l'on dit de
« l'industrie anglaise. »

Que M. de Bourrienne avait raison en 1822 !

Lorsque l'Angleterre a cru que son industrie la rendait maîtresse du marché du monde entier, elle a cherché à nous imposer un régime qui devait nous rendre à jamais ses tributaires.

M. de Bourrienne était dans la vérité en disant :
« Lorsque les conditions des deux pays seront les

mêmes nous pourrons alors accepter le libre-échange. »
Sa théorie est la vraie ; on ne peut établir le libre-
échange, entre deux nations, que lorsque les conditions économiques sont égales entre elles. Voilà
un premier point sur lequel j'ai cru utile de
m'appesantir, parce qu'il constitue une objection fon-
damentale à opposer aux aspirations trop hâtives
des partisans du libre-échange.

Lorsqu'en 1830 les idées libérales prévalurent en
politique, on en ressentit les effets en économie
politique et l'on vit réclamer l'abolition des prohibitions et la réduction des droits d'entrée. La loi
de 1832 donna une première satisfaction à ces réclamations.

En 1836, les lois des 2 et 5 juillet apportèrent
une modification importante à la loi de 1832. A
cette époque, l'agitation fut vive dans le pays. En
1834, un homme, qui devint plus tard chef de l'État,
un homme éminent, M. Thiers, était ministre du
commerce. Il nous a laissé des exposés de motifs
que j'aurai l'honneur de placer ultérieurement sous
vos yeux, et qui sont de véritables exposés de
doctrine, dans lesquels on reconnaît l'esprit net,
lucide, pratique de cet homme qui, à côté de
quelques erreurs économiques, soutint énergiquement les principes vrais sur lesquels repose notre
fortune publique et dont le concours nous serait
aujourd'hui si précieux. (*Très-bien.*)

Le caractère principal des lois de 1836 consiste
dans une facilité plus grande apportée aux formalités
de douane et dans l'introduction, dans nos lois,

du système des admissions temporaires. Vous me
permettrez de ne pas vous parler de ce système ; il
a ses avantages et ses inconvénients, mais il n'est
pas directement en question en ce moment.

Peu à peu les réclamations les plus vives par-
venaient aux Chambres sur la situation faite aux
industries, par l'abaissement successif des droits,
et en 1842 on dut relever ceux établis sur les lins
et les chanvres. Un peu plus tard, il fallait les dou-
bler. Les divers tarifs furent augmentés progressi-
vement.

En 1847, époque la plus brillante de la protection,
prévalait un système de protection à outrance certainement contraire aux intérêts généraux de la France.
La protection était exagérée, et on pouvait dire, avec
raison, qu'*elle était un oreiller sur lequel s'endormait
l'industrie de notre pays.*

Les événements de 1848 détournèrent l'attention
des préoccupations économiques. Cependant, en
1851, M. de Sainte-Beuve proposa de revenir aux
idées libre-échangistes. Voici en quoi consistaient
ses propositions :

1º Suppression de tout droit protecteur pour les
substances alimentaires et matières premières ;

2º Au maximum 10 0/0 sur les produits en partie
manufacturés (fils) et 20 0/0 sur les manufacturés,
abolition de la prohibition ;

3º Réduction du droit sur les fers, après quatre
ans, à 1 franc par 100 kilogrammes.

Nous trouvons, dans le compte-rendu des discus-
sions de cette époque, un nom qui nous est cher,

celui d'un homme qui fut sinon un brillant orateur,
car il aborda rarement la tribune , du moins un
brillant écrivain , qui prit une part active à la défense de l'industrie, c'est M. de Limairac, rapporteur
de la commission chargée d'étudier la proposition
Sainte-Beuve, et père d'un de nos honorables amis du
Conseil général : il produisit des arguments qui
ont été conservés et que nous trouvons dans l'exposé des motifs de la loi soumise à la délibération
des assemblées. Ces arguments firent une telle
impression qu'il fallut que le gouvernement inter-
vînt pour empêcher les chambres , non-seulement
de ne pas accepter la proposition de M. Sainte-Beuve,
mais encore de reculer en arrière. M. Fould, alors
ministre des finances, crut devoir prendre la parole,
au nom du gouvernement, pour replacer la question
sur son véritable terrain et faire un exposé de
doctrines dont je cite un court extrait :

« Notre législation douanière a un double but :

« 1° Protéger le travail national ;

« 2° Procurer une ressource au Trésor.

« C'est à réaliser ces avantages , sans sacrifier
« le consommateur au producteur que le gouverne-
« ment et les assemblées doivent s'attacher sans
« cesse ; c'est un problème difficile , mais qui est
« nécessairement toujours à l'étude.

« Le principe du libre-échange est celui-ci :

« Il faut que chaque pays produise exclusivement
« ce que la nature lui permet de produire au plus
« bas prix.

« Nous repoussons formellement ce principe comme

« incompatible avec l'indépendance et la sécurité
« d'une grande nation ;

  « Comme inapplicable à la France ;

  « Comme destructeur de nos plus belles industries. »

Ainsi, ce principe du libre-échange, que l'on a
vu consacrer, en quelque sorte, par la volonté im-
périale, était, par avance, combattu énergiquement
par un ministre qui compte comme un des plus
brillants parmi ceux sur lesquels l'Empire s'est ap-
puyé. J'ai tenu à établir cette contradiction pour
montrer qu'à quelque parti qu'appartiennent les
hommes, quelle que soit la ligne politique qu'ils
croient devoir suivre, ils peuvent avoir, sur le terrain
économique, leur avis personnel indépendant de
celui qui semble prévaloir dans le gouvernement
dont ils font partie. Voilà pourquoi nous rencontrons
des hommes des nuances politiques les plus diverses
parmi ceux qui partagent nos idées économiques,
de même que nous constatons parmi nos adversaires
les mêmes diversités d'opinion. (*Très-bien.*)

La proposition Sainte-Beuve fut repoussée par
428 voix et appuyée seulement par 199 ; cependant
les idées libre-échangistes firent peu à peu leur
chemin en France. Diverses lois et ordonnances
intervinrent pour abaisser les droits.

Enfin, Mesdames et Messieurs, l'empereur, se
servant d'un droit que la Constitution lui avait
conféré, fit paraître un beau jour, le 23 janvier 1860,
les traités de commerce avec l'Angleterre, préparés
dans une nuit ténébreuse, selon l'expression de
M. Thiers. Les caractères principaux de ces con-

ventions sont ceux-ci : 1° abaissement considérable des droits d'entrée quand ils ne sont pas supprimés ; 2° engagement pris par la France de conserver vis-à-vis de l'Angleterre ces tarifs nouveaux pendant une période de dix années.

Ainsi la France, engagée pour dix années, réduisait considérablement ses tarifs à l'entrée des produits de l'Angleterre, et ces droits conventionnels nouveaux devaient servir de base aux traités à conclure ultérieurement avec l'Autriche-Hongrie, la Suède, le Portugal, etc., etc.

Ces traités nous ont régi pendant dix-neuf années, bien qu'ils dussent expirer en 1870. Je n'ai pas besoin de vous rappeler quels douloureux événements ont arrêté les négociations commencées pour réviser ces traités et les modifier sans doute dans un sens que l'enquête, commencée en 1869, devait indiquer au gouvernement. Ils ont été, en vertu d'un article spécial, continués par tacite reconduction, d'année en année jusqu'au 31 décembre 1879, époque pour laquelle ils sont définitivement dénoncés. Nous sommes donc dans cette situation, que nous venons d'être régis par des tarifs pendant dix-neuf ans, qu'ils vont cesser d'être en vigueur et que la France est obligée d'établir des tarifs nouveaux, basés sur l'expérience.

Or, Messieurs, le chef de l'État a perdu cette prérogative excessive d'engager le pays par sa simple volonté. La France a reconquis sa liberté. C'est elle qui, par la voix de ses représentants, doit accepter ou repousser les conventions commerciales.

C'est un droit, il y a plus, c'est un devoir pour

vous de donner votre avis, dont vos représentants seront certainement heureux de tenir compte. C'est pourquoi j'ai pris la liberté, après avoir longuement étudié ces questions, de venir dire à mon pays : Voilà ce que je pense, voilà ce que je crois, et de lui demander de faire ce qui, dans ma conviction, est nécessaire pour lui conserver le rang qu'il a toujours occupé et qui lui appartient à la tête des nations industrielles et laborieuses. (*Marques d'assentiment et applaudissements.*)

Examinons quelles ont été les conséquences des traités de 1860. Je touche là à une des questions les plus délicates parmi celles qui sont agitées aujourd'hui dans le pays. Si l'on en croit les partisans du libre-échange, les traités de 1860 marquent le point de départ d'une prospérité jusqu'alors inconnue dans la France. On cite des chiffres. On peut faire dire aux chiffres tout ce qu'on veut. Je vous demande la permission de causer chiffres pendant un instant, et j'espère vous démontrer qu'on doit en tirer des conséquences tout autres que celles qu'on veut en déduire.

Si vous lisez ce que publient les disciples de Cobden, le groupe des libre-échangistes en France, vous verrez ceci : en 1860, la balance du commerce spécial de la France, celui qui comprend tout ce qui y entre pour y être consommé et en sort après y avoir été fabriqué, s'élevait à 4 milliards 234 millions; en 1875, elle était de 7 milliards 170 millions; elle accuse donc un accroissement considérable.

Mais, Messieurs, ces chiffres n'indiquent rien de ce qu'on leur fait dire.

Savez-vous ce que c'est que le commerce spécial de la France ? C'est l'ensemble des marchandises achetées et vendues, des produits importés et exportés. Ce qui est intéressant à connaître, ce n'est pas de savoir combien la France a acheté et vendu, c'est de comparer ses ventes à ses achats ; de cette comparaison résulte le tableau de sa prospérité ou de sa détresse. — Supposons deux commerçants : le premier vient vous dire : J'ai acheté pour 30,000 francs de marchandises et j'en ai vendu pour 40,000. Vous lui répondrez : Très-bien, vous avez fait pour 70,000 francs d'affaires. Un autre vous dit : J'ai acheté pour 60,000 francs et j'ai vendu pour 45,000. Lui répondrez-vous : Vous êtes un commerçant plus heureux, vous avez fait pour 105,000 francs d'affaires ? Est-ce qu'il n'est pas certain que celui qui a acheté pour 30,000 fr. et vendu pour 40,000 fr. est dans une situation bien meilleure que l'autre, malgré l'écart entre l'importance des affaires?

C'est ce qui est arrivé pour la France. On n'a pas tenu compte des écarts entre les importations et les exportations. Précisons les chiffres, et vous apprécierez vous-mêmes la différence entre ce que nous avons expédié à l'étranger et ce que nous en avons reçu.

Pour savoir si les traités de 1860 ont apporté une amélioration nouvelle dans la situation de la France, examinons ce que la France a acheté pendant les dix années qui ont précédé ces traités et ce qu'elle a acheté pendant les dix années qui les ont suivis. Pendant les dix années qui ont précédé les traités de 1860, les importations ont augmenté de 100 0/0; dans les dix années qui ont suivi, elles ont augmenté encore de 66 1/2 0/0.

Examinons maintenant les exportations, c'est-à-dire ce que la France a vendu. Dans les dix années qui ont précédé, elles ont crû de 129 0/0, et, dans les dix années qui ont suivi, elles n'ont plus augmenté que de 16 0/0.

Il y a donc là, Messieurs, une marche d'affaires très-compromettante, qui nous conduit à un cataclisme si nous ne savons nous arrêter.

En 1872, j'ai eu l'honneur, à la tribune de l'Assemblée nationale, d'appeler, en votre nom, l'attention de mes collègues sur cette situation. Je leur disais : Si un négociant me faisait l'honneur de me consulter sur la marche de ses affaires et qu'il me montrât une situation analogue à celle des affaires de la France, je lui dirais : Arrêtez-vous, vous êtes sur le chemin de la faillite. Ce qui est vrai pour les individus est vrai pour les nations. Lorsque je disais à cette époque : Ne vous effrayez-vous pas de cette éventualité possible d'arriver à voir le mouvement de nos importations égal à celui de nos exportations et que j'en signalais le danger, on murmurait, on me disait que c'était là une éventualité impossible. Je crois moi-même que j'exagérais un peu ce qui était le fond réel de ma pensée.

Aujourd'hui il n'est plus question d'importations égales aux exportations ; les importations dépassent de plus d'un milliard les exportations. (*Mouvement.*)

Si vous vous rappelez que la fortune monétaire de la France s'élève à huit milliards, vous reconnaîtrez que j'ai le droit de dire : Marchons encore huit années ainsi, et la France est ruinée. (*Sensation.*)

Rappelez-vous le Portugal, qui, dans les griffes de l'Angleterre, est devenu une colonie anglaise et a perdu son indépendance et sa liberté. Je ne veux pas que mon pays ait le même sort, je ne veux pas qu'il perde son rang, sa puissance et l'influence légitime et féconde qu'il exerce sur les destinées du monde. (*Applaudissements prolongés.*)

Messieurs, je viens de vous citer des chiffres, je n'en abuserai pas. J'ai autour de moi de gracieux visages qui ne me. pardonneraient pas de rendre encore plus aride un exposé qui l'est déjà trop par lui-même.. Mais je vous l'ai dit, je vais droit au but, et quand je rencontre un argument sur mon chemin je l'étudie, je le combats, si je. le puis ; je ne le tourne pas. Voilà pourquoi je vous disais que si vous aviez quelques objections à me présenter, j'étais prêt à les entendre. Je ne déserterai pas le poste de combat où je me suis placé. (*Très-bien*, *très-bien.*)

Lorsque, dans la séance du premier février 1872, devant l'Assemblée nationale, je citais des chiffres, on me répondait : Mais vous parlez du commerce spécial, examinez donc l'exportation des produits fabriqués.

En effet, si nous examinons le mouvement des produits fabriqués, nous aurons la marche du travail national. Voyons donc quelle a été cette marche des produits fabriqués.

Avant 1860, pendant la période décennale qui a précédé les traités de commerce, l'exportation de nos produits fabriqués s'augmentait chaque année de cinquante millions. Ce sont des chiffres exacts pris dans les documents mêmes publiés par le ministre des finances. Voyons ce qu'est devenu cet accroissement après 1860. Si je prends la période qui s'est écoulée de 1860 à 1877 je trouve un accroissement total de 330 millions, en dix-sept ans, c'est-à-dire une moyenne de vingt millions par an. Et voilà la prospérité que vous m'annonciez ! Nos affaires d'exportation croissaient régulièrement de 50 millions par an. Vous nous parlez d'une impulsion nouvelle et puissante, et l'accroissement annuel tombe à 20 millions ! Il est vrai que les années 1873 et 1875 accusent une situation exceptionnelle : on a constaté, dans ces deux années, un accroissement de 200 à 220 millions, mais cet accroissement a disparu dès 1876 ; il n'était qu'accidentel.

Il ne faut donc pas chercher la cause de la prospérité du pays dans les traités de commerce : la France a vu ses affaires augmenter dans une proportion merveilleuse quand l'ensemble des travaux publics, les canaux, les chemins de fer, les lignes télégraphiques, multipliés et répandus sur toute l'étendue du territoire, ont produit les résultats qu'on était légitimement en droit d'en attendre.

Voilà les véritables causes de notre prospérité. Il faut les chercher là et non dans les traités de 1860. (*Très-bien.*)

Examinons maintenant quelle influence funeste

ont exercée les traités de 1860. Disons, de suite, que l'empereur, qui en avait conçu la pensée, ne saurait être responsable de toutes leurs conséquences, parce qu'il ne devait pas croire qu'ils dureraient 19 ans. En 1860, les droits étaient trop élevés ; il était donc absolument dans le vrai quand, s'appuyant sur la Constitution, il modifiait l'importance de certains d'entr'eux ; il eut tort de le faire si brusquement et de marquer par des ruines le point de départ de ce qu'il croyait être une prospérité nouvelle. L'empereur n'était ni un industriel ni un commerçant. Il était un élève des doctrines anglaises, un des disciples de l'école de Manchester, des Bright, des Cobden, de toute cette école anglaise et libre-échangiste. Il était sous l'influence de ces idées dont il avait tant de fois entendu parler. Il arrivait dominé par ces idées, connaissant mal la question économique et la situation particulière de la France ; il brusqua le mouvement, il alla trop vite. Peut-être n'eût-il pas essayé de poursuivre en 1870 l'expérience commencée, en présence des résultats constatés à la fin de la période d'essai.

On peut donc croire que l'Empire n'est pas responsable de toutes les conséquences des traités de 1870, car le gouvernement impérial n'avait pris qu'un engagement déjà bien long de dix ans. S'il était resté debout en 1870, nul doute qu'il ne se fût rendu compte de la situation économique et qu'il n'eût apporté à ces traités les modifications suggérées par l'expérience. Les événements ne lui ont pas permis de le faire, et ce qui était à l'état de crainte est devenu une effrayante réalité, ainsi que je vais essayer de le prouver.

Lorsqu'en 1860 M. Cobden et les hommes de Manchester vinrent en France, ils dirent à l'Empereur : Sire, votre pays est un pays essentiellement agricole, le nôtre est un pays essentiellement industriel ; envoyez-nous vos produits, nous leur ouvrirons nos frontières. Nos ouvriers, dont la vie sera rendue plus facile, nous coûteront moins cher, nos produits nous reviendront à un prix moins élevé, nous vous les enverrons à bon marché. Vous aurez en même temps un débouché pour vos produits agricoles, en échange de nos produits industriels. Vous aurez un accroissement de revenu et une diminution de dépense. Il en sera de même pour nous ; ce sera la vie à bon marché, le bonheur universel pour vous et pour nous. (*Rires.*)

Il n'y a qu'une seule chose à répondre, c'est que ce qui est vrai pour les Anglais n'est pas vrai pour nous. J'étais en Angleterre en 1860 ; le prix de la vie y était horriblement élevé. J'y suis retourné il y a deux ans ; il m'a été facile de constater qu'en effet le prix de la vie avait diminué sensiblement ; mais en même temps chacun de vous sait qu'il a augmenté en France dans la proportion que vous connaissez ; je vais vous en donner la raison. Les produits que nous envoyons à l'Angleterre sont d'une nature telle que plus on en exporte, plus ce qui en reste dans notre pays devient d'un prix élevé : ce sont des beurres, des œufs, des volailles, etc. ; tandis que les produits que l'Angleterre nous envoie

sont d'une nature telle que plus on en exporte ,
moins ils sont chers : ce sont des produits manufacturés.

Demandez à l'honorable M. Fabre, que j'aperçois
devant moi, de vous construire trois machines ; il
vous les fera payer 12,000 francs chacune, je suppose. Commandez-lui cent de ces mêmes machines ; il vous les fera payer peut-être 8,000 francs et
moins. Voilà la différence entre les Anglais et nous.
Tandis que chez eux l'augmentation de production
leur donnait un bénéfice plus considérable , chez
nous tout concordait à augmenter le prix de la vie.
Une preuve indiscutable c'est que, depuis les traités
de 1860, la vie a doublé chez nous, tandis qu'elle
diminuait de 40 0/0 en Angleterre. (C'est vrai.)

L'Angleterre, se croyant assurée de posséder le
marché du monde entier, croyant que nul ne pourrait résister à sa puissance industrielle, a augmenté
sa production dans des conditions tellement exagé-
rées que certains pays ayant fermé leurs portes à
ses produits, il en est résulté une aggravation de
la crise dont nous souffrons tous aujourd'hui au
point de vue industriel.

On dit que l'excès de production est la seule
cause de la crise ; cela est vrai pour l'Angleterre,
mais n'est pas exact pour nous.

En 1860, nous avions 4,500,000 broches ; défal-
cation faite des 1,700,000 perdues avec l'Alsace et
la Lorraine, nous en avons toujours 4,500,000,
tandis que l'Angleterre,. qui en avait 28,000,000, en
a maintenant 43,000,000. Est-ce là une augmentation ?

surtout si l'on considère que pendant le même espace de temps l'Amérique, qui n'avait pas une seule broche, en a maintenant 12,000,000; car la vie industrielle s'est développée dans ce dernier pays à l'abri de la protection, tandis que notre régime de libre-échange nous laissait stationnaires.

En ce qui concerne les fontes, l'Angleterre produit 45 0/0 de la production du monde et ne consomme que le vingtième de cette production. Elle livre ou plutôt elle livrait à la Russie un quart de son excédant, à l'Amérique la moitié de cet excédant, aux États orientaux le surplus.

Qu'est-il arrivé? L'Amérique a senti qu'elle devait s'affranchir de ce tribut qu'elle payait à l'Angleterre, à l'abri de droits protecteurs si élevés qu'ils équivalaient à une véritable prohibition ; elle a créé une industrie tellement puissante que, non-seulement elle s'est affranchie de la dépendance du vieux monde, mais encore qu'elle le menace de son immense production.

La Russie a créé, sous la direction d'Ingénieurs français, une industrie métallurgique qui lui permet de s'affranchir de l'Angleterre.

La guerre a fermé le marché oriental. Alors l'Angleterre, ayant perdu ses débouchés, est venue nous inonder de ses produits, et les fers communs, qui se vendaient 32 francs en 1874, sont tombés à 13 fr. 50; et pour empêcher les fers anglais d'entrer, notre métallurgie fait des sacrifices qui la ruinent. Pour les soies, pour les tissus de laine et de coton, les mêmes résultats se sont produits, et vous ne vous étonnerez pas qu'on signale partout

une crise si aiguë. Nous aurons à examiner comment
cette crise, atteignant l'agriculture, en a augmenté
la gravité. Cela résulte de documents officiels. Notre
devoir, Messieurs, est d'examiner cette situation. Il
suffit de constater que la France souffre pour jus-
tifier les efforts que je fais pour attirer votre attention et m'autoriser à vous dire : Regardez la patrie,
voyez quelles sont ses plaies, essayons de trouver
ensemble un moyen d'y porter remède. (*Très-bien*,
très-bien.)

En vain essaierait-on de nier que nous traver-
sons une crise terrible, le gouvernement lui-même
a pris soin d'en constater l'existence en demandant
aux chambres de voter un crédit d'un million pour
venir au secours des ouvriers sans travail.

Je n'ai pas besoin de vous dire ce que nous avons
ressenti en entendant ce cri d'alarme du Gouvernement et les sentiments de reconnaissance que nous
avons éprouvés en présence. de cette sollicitude.
Mais ce que nous demandons, ce que les ouvriers
demandent, c'est du travail. Nous sommes à la fois
reconnaissants et blessés. Cet argent, qui va être
distribué, nous aurions voulu qu'il ne fût pas un
secours, mais la légitime rémunération du travail.
En présence de la crise exceptionnelle dont nous
souffrons, nous aurions voulu que la demande du
gouvernement eût un autre but : apporter une so-
lution à la situation qui pèse sur nous. (*Très-bien.*)

La France puise sa fortune à trois sources diffé-
rentes : elle la doit à son commerce, à son industrie
et à son agriculture. En ce qui concerne le commerce, le grand commerce, qui échange les produits

des grandes nations, des continents entre eux, l'expression la plus vivante en est la marine marchande.
On vous disait, il y a quelques années, parodiant
le cri de Bossuet, la marine se meurt, la marine
est morte! Aujourd'hui elle est morte, ce n'est plus
qu'un souvenir. Et lorsque nous avons fait venir
devant nous de grands négociants, des armateurs
qui avaient cent navires, portant le pavillon français
sur toutes les mers, savez-vous ce qu'ils nous ont
répondu? Il nous ont dit : Nous n'en avons plus
que dix-sept, et le premier mars on les met en vente.

Nos ateliers ne peuvent plus construire de navires
en bois, c'est le Canada qui les construit, et quant
aux navires en fer, c'est l'Angleterre qui en a le
monopole. Or, Messieurs, une voix plus autorisée
que la mienne l'a dit au congrès des États-Unis :
« Une nation qui ne construit pas ses navires est
« une nation qui cesse bientôt de naviguer. » Voilà
ce que nous devons redouter. Et vous croyez que
nous pouvons envisager sans douleur la France per-
dant sa navigation commerciale? (*Mouvement.*) Où
pourra-t-elle recruter ses marins et ses matelots?

A l'époque néfaste de 1870, qui donc tenait encore
si haut et si ferme le drapeau de la France devant
l'ennemi? Qui donc a soutenu si dignement l'honneur militaire de la patrie? Ce sont les marins dé-
barqués à terre. On les a vus escaladant les murailles
des maisons et les parapets des redoutes, arracher
des cris d'admiration à leurs ennemis eux-mêmes.
(*Bravo.*) Lisez les rapports de l'état-major allemand,
et vous verrez en quels termes ils parlent de ces

hommes qu'ils comparent à des lions. Où recrute-t-on les marins de la flotte sinon dans la marine marchande? Faudra-t-il donc perdre ce magnifique recrutement? Ce sont là des raisons patriotiques sur lesquelles je n'ai pas besoin d'insister, votre cœur les ressent comme le mien. (*Applaudissements.*)

Si nous laissons de côté ces considérations pour nous en tenir à l'examen de la question commerciale, je dis qu'il est pénible de penser que nos produits ne voyagent plus sous le pavillon français. J'ai entendu un orateur, qui se dit libre-échangiste et français, et à qui j'ai peine à donner cette dernière qualification, nous dire : Nous avons envoyé 600,000 tonnes de marchandises en Angleterre ; qu'importe qu'elles aient été portées par tel ou tel pavillon pourvu qu'elles aient été transportées à bon marché ! Cela m'importe à moi, car le pavillon français c'est l'image de la patrie ; il a toujours abrité dans ses plis les idées généreuses qui ont placé notre nation au premier rang entre toutes. (*Très-bien, très-bien, applaudissements.*)

Après ces considérations sur la marine marchande je ne m'étendrai pas longtemps sur notre industrie. Vous avez tous pu vous rendre compte, en visitant l'Exposition de 1878, de la qualité de nos produits. L'Exposition de 1878 a montré à quel degré de perfection est arrivée aujourd'hui l'industrie française. En 1867, bien que notre Exposition fût déjà très-belle, si je ne regardais que les produits de la métallurgie, je sentais que nous étions inférieurs à nos rivaux ; je me disais bien que nous

venions de traverser une crise économique, mais
je constatais avec chagrin que nos produits étaient
réellement inférieurs aux produits similaires anglais.
Cette année-ci, mon impression a été tout autre :
j'ai ressenti un légitime orgueil en voyant que,
malgré tous ses malheurs, notre nation est bien
toujours la grande nation industrielle dont il ne
faut jamais désespérer ; à son amour du travail,
de l'ordre et de l'économie, elle doit d'être, en si
peu de temps, arrivée à des résultats tels que les
membres des comités étrangers n'ont cessé d'exprimer
leur admiration sur la supériorité de notre fabrication. Nous produisons cher, il est vrai, mais
nous fabriquons admirablement, tout le monde le
reconnaît.

Cette différence dans le prix de revient tient,
Messieurs, à des considérations d'ordre purement
matériel. Nous sommes accablés d'impôts énormes;
les Anglais, depuis huit ans, ont abaissé leur dette
de 750 millions ; nous, nous avons augmenté la
nôtre de 750 millions ; différence : 1,500 millions
que nous payons tous, les industriels plus que les
autres.

D'un autre côté, les prix de transport sont plus
élevés chez nous que dans les autres pays : tandis
qu'en Angleterre le prix moyen des transports
nécessaires à la fabrication d'une tonne de fer
s'élève à 22 francs en moyenne, il est en France
de 50 francs ; tandis que le charbon se consomme
dans les forges anglaises au prix moyen de 8 francs
la tonne, il revient, dans nos forges de France, à
un prix moyen de 21 francs.

Voilà des causes d'infériorité contre lesquelles nous ne pouvons pas lutter. Qu'on nous donne les moyens de communications et de transport qui nous manquent, qu'on nous place dans les mêmes conditions matérielles, et alors nous pourrons combattre à armes égales et nous ne redouterons pas la concurrence. (*Très-bien.*)

L'industrie de l'Ariége est à peu près résumée tout entière dans la métallurgie et la filature.

Vous me permettrez de ne pas parler de la métallurgie, ma situation personnelle me mettrait mal à l'aise pour développer ce sujet ; je me contenterai de vous dire qu'elle subit les effets de la crise dont le pays souffre si cruellement ; j'en appelle à nos confrères de Ganac et de la Barguillère.

Pour la filature, la situation est très-grave : les industriels de Bédarieux et de Mazamet souffrent cruellement comme nos compatriotes de Lavelanet ; on nous en signale même qui abandonnent la fabrication des tissus pour faire le commerce des matières premières. Et cela se comprend. Je citerai un exemple qui est de nature à faire ouvrir les yeux. Je puis vous garantir les détails suivants : Un grand industriel a acheté, au mois de décembre, 1,500 balles de coton ; la balle pèse 200 kilos ; le prix est fixé aux 50 kilos ; il les a payées 56 francs les 50 kilos ; elles valent aujourd'hui 65 francs. Il y a donc aujourd'hui 9 francs d'écart, ce qui fait 36 francs par balle. Il réaliserait, sur la vente de ses 1,500 balles, un bénéfice de 54,000 francs. Mais, comme il tient à conserver du travail à. ses ateliers, il va les faire filer et tisser ; quand il aura beaucoup travaillé, et en admettant qu'il n'ait pas d'accidents, il perdra, sur le tout, 110,000 francs au cours actuel des tissus, c'est-à-dire qu'en tenant compte des conditions très-favorables dans lesquelles il a acheté sa matière première, il perdra encore 56,000 francs.

Dites-moi, Messieurs, si de pareils faits ne sont pas d'une gravité exceptionnelle.

A Lavelanet, l'industrie de la laine est dans une situation pitoyable.

Depuis que les États-Unis, l'Espagne, l'Italie, l'Autriche, ferment leurs portes par l'élévation des droits d'entrée, la Belgique et l'Angleterre, produisant des quantités considérables qu'elles sont loin de consommer, ont dû se rejeter sur notre marché ; ce marché, si beau par son importance et la sécurité exceptionnelle de ses transactions, et nos articles français sont délaissés. Il faudrait, pour rendre un peu d'activité à nos usines, qui se ferment chaque jour, relever de 5 0/0 les tarifs conventionnels en vigueur et substituer les droits spécifiques aux droits *ad valorem*. Ayons confiance dans la sagesse et le patriotisme de nos représentants : ils sont témoins de nos souffrances ; ils en placeront, j'en suis certain, le sombre tableau sous les yeux du ministre et de leurs collègues. *(Très-bien.)*

L'agriculture nous apporte aussi son contingent d'amertumes et de préoccupations. *(C'est vrai.)*

J'ai eu l'honneur de faire partie d'une commission

de la section des céréales à la société des agriculteurs de France, devant laquelle ont eu lieu des
dépositions fort intéressantes dont il me paraît utile
de vous entretenir. Nous avons reçu les dépositions
de Français résidant depuis 25 ans en Amérique
et qui ont placé sous nos yeux, en dehors de leurs
appréciations, les documents officiels émanant du
cabinet américain, des renseignements pleins d'intérêt sur la production de l'Amérique en céréales.
Ce sont des révélations.

Un fait sans précédent s'est produit en France
cette année : les récoltes ont été mauvaises ; malgré
cela, le blé se vend meilleur marché que dans
les bonnes années. Pourquoi ? C'est que l'Amérique
agricole, suivant une expression très-spirituelle, n'a
été découverte que depuis quelques années. Elle
nous envoie en abondance des grains qui viennent
concurrencer sur nos marchés les céréales de notre
pays et qui sont d'une qualité réellement supérieure.
Maintenant comment l'Amérique n'a-t-elle été découverte que depuis peu de temps, je vais vous
le dire :

L'Amérique se divise en deux parties : l'une,
au Sud, comprend toutes les plaines arrosées par
le Mississipi et ses affluents ; l'autre est la partie
Nord qui se rapproche du Canada. La première est
essentiellement propre à la culture des céréales ; la
seconde convient merveilleusement à l'élevage des bestiaux. Le Mississipi est un fleuve énorme, navigable
sur tout son parcours; mais, en approchant de la Nouvelle-Orléans, les passes de l'embouchure changeaient

souvent et rendaient la navigation très-dangereuse.
Les Américains ont fait de gigantesques travaux
pour ouvrir au fleuve, dans les rochers, un large
et permanent passage, et la navigation constante en
fut assurée. Ils ont des champs de 2,000, 5,000,
on m'a dit 10,000 hectares, je le répète, 10,000
hectares ! Des champs énormes, dans le travail
desquels ils peuvent réduire, par l'emploi des
machines, la main-d'œuvre qui, chez eux, est
beaucoup plus élevée que chez nous ; ils les labourent
au moyen de charrues à vapeur. L'étendue de ces
plaines permet l'emploi d'instruments qui, chez
nous, ne pourraient pas être utilisés. De là une
économie considérable ; ajoutez que la terre y coûte
très-bon marché ; il y a bien des contrées où elle
se vend de 25 à 50 francs l'hectare, quand chez
nous elle vaut, en moyenne, de 2,500 à 3,000
francs l'hectare. On n'a pas besoin de fumier sur
ces terres vierges, qui ont, comme dans l'Illinois,
jusqu'à dix pieds de terre végétale. Le rendement
n'est cependant que de 13 hectolitres en moyenne
à l'hectare, parce que le travail de la terre y est
réduit à sa plus simple expression.

Lorsque le blé est récolté, on le met en sacs et
on le charge sur de grands radeaux conduits par
trois hommes, qui l'amènent à la Nouvelle-Orléans,
et en vendent le bois avec bénéfice pour n'avoir
pas à lui faire remonter le fleuve. A la Nouvelle-
Orléans, des grues puissantes montent les sacs dans
de grandes tours où on les vide ; puis on fait
couler le blé au fond des navires, auxquels il sert

de lest, et, pour éviter qu'en se déplaçant avec les mouvements du navire il ne l'expose à sombrer, on le maintient avec des planches vissées.

Pour établir le prix de revient des blés d'Amérique, nous avons choisi un État qui représente les conditions moyennes des États arrosés par le Mississipi, comme qualité de terre et éloignement de la Nouvelle-Orléans, et nous avons reconnu que, cette année, les blés qui en proviennent pouvaient revenir, rendus au Havre, à 15 fr. 40 c. l'hectolitre, mais que l'année prochaine ce prix tomberait à 11 fr. 60 c. Tout cela a été dit dans la commission spéciale nommée par la section des céréales. (*Mouvement.*)

Mais pourquoi, disent nos adversaires, nous parlez-vous du prix de 15 fr. 60 c. pour cette année ? Les mercuriales de New-York nous indiquent un cours de 21 francs. Cela est vrai, Messieurs, les Américains savent qu'ils ont trois francs de transport et que nous vendons nos blés 24 francs, au Havre. Ils diminuent le prix de nos cours de 3 francs, et c'est ainsi qu'ils font leurs mercuriales. Quand ils auront besoin, comme les Anglais, d'écouler à tous prix leurs produits, ils baisseront leurs prix autant qu'il sera nécessaire pour les introduire sur nos marchés. Et comme la production des céréales tend à se développer en Amérique, croyez que vous verrez leurs prix de vente se rapprocher de leurs prix de revient. (*Très-bien.*)

Dans ces conditions, je vous demande s'il est sage d'ouvrir trop grandes les portes de la France aux blés américains.

En ce qui concerne les bestiaux, il y a des troupeaux énormes dans la région Nord qui avoisine le Canada. Les derniers recensements faits en Amérique indiquent 90,620,000 têtes de bétail dans les États-Unis. On nous annonce qu'un convoi de 500,000 têtes est prêt à venir en France, transporté par les navires que M. Vanderbilt fait construire et dont nous connaissons déjà les noms. M. Vanderbilt est un Américain qui possède la presque totalité du railway qui va de New-York à San-Francisco en passant par Chicago, de telle sorte que ce railway établit une sorte de drainage des bestiaux du nord de l'Amérique en même temps que du Canada, et les amène à New-York, d'où ils sont prêts à être expédiés en France ou en Angleterre.

En Angleterre, pays de libre-échange, effrayé de la concurrence des bestiaux de l'Amérique, on a découvert une maladie contagieuse, la pleuro-pneumonie si je ne me trompe, qui tient les animaux de provenance américaine à l'écart et les empêche de pénétrer dans le Royaume-Uni. On pourrait trouver en France, à défaut de droits, un préservatif de même nature que cette maladie, que j'ai lieu de croire d'invention anglaise. (Rires.) Les Anglais, on le sait, savent prendre leurs précautions contre cette invasion des animaux étrangers. Ils n'ont fait d'ailleurs qu'imiter les Italiens qui, avant eux, avaient découvert une maladie protectrice de l'invasion des porcs étrangers. (Nouveaux rires.) C'est aussi à l'invasion qu'il faut attribuer la diminution du nombre de nos moutons, constatée par la statistique. Nous

avions en France 30 millions de têtes de moutons,
nous n'en avons plus que 23 millions. Le *Bulletin
des communes* du 14 mars dernier, que j'ai là sous
les yeux, ne constate-t-il pas d'ailleurs que le marché des moutons a été absolument nul *par suite de
l'apparition inattendue de 3,000 moutons étrangers?*
(*Mouvement.*)

Au point de vue des transports, les compagnies
de chemins de fer me paraissent peu disposées à
nous garantir contre l'invasion étrangère. Quand nous
payons 14 francs pour faire venir des bestiaux des
frontières de l'Est à Paris, les étrangers ne paient
que 10 francs pour le même parcours.

Je crois que la concurrence étrangère constitue un
danger énorme. Il est bien de dire aux agriculteurs
de produire des céréales et de faire des élèves ;
mais quand on travaille c'est pour tirer parti de
ses efforts et non pour mettre ses produits en concurrence avec ceux de l'étranger dans des conditions
d'infériorité ruineuses. (*Très-bien.*)

Voulez-vous examiner les produits de la ferme,
après ceux des champs et des étables ? Là encore
j'entrevois une menace nouvelle, du côté de l'Amérique : elle a envoyé il y a trois ans en Angleterre,
ainsi que le constate le rapport de nos consuls,
20,000 quintaux de beurre ; en 1877, elle en a
envoyé 59,000 ; en 1878, 94,000. Voilà pourquoi nos
beurres sont moins recherchés et pourquoi on constate, en 1878, une diminution de 8,000 quintaux
dans nos envois de beurre en Angleterre.

Sommes-nous moins menacés dans les viandes

salées ? Il y a quelques jours, je recevais le journal *l'Ariégeois*; il indiquait le prix des viandes salées sur le marché du 12 avril 1879. Le même jour, je regardais le prix des jambons et des saindoux au Havre. Les saindoux, cotés 2 francs au marché de Foix, étaient vendus au Havre 80 centimes; les viandes de porc, cotées 1 fr. 80 à Foix, étaient portées à 55 centimes au Havre. Étonnez-vous donc si le marché a été mauvais !

Je me demande ce que deviendront nos produits ; partout on leur préfère les produits étrangers. (*C'est vrai.*) En présence de la gravité de cette menace, devrons-nous simplement constater le danger sans prendre aucune mesure pour nous en préserver ?

Or, Messieurs, c'est dans le relèvement des droits de douane que nous devons chercher une défense efficace; c'est pour cela que l'attention du gouvernement et de la commission doit être éveillée, et c'est pourquoi je réclame une modification dans les tarifs. Qu'on ne me dise pas que nous portons atteinte au principe de liberté ; l'indépendance du travail national est la première des libertés. (*Très-bien.*)

Nous laisserons-nous séduire par ces théories égoïstes de Messieurs les Anglais, qui sont libre-échangistes chez les autres et protectionnistes chez eux ? Écoutez, Messieurs, ce que je trouve dans un de leurs journaux ; c'est un fragment de discours prononcé à la séance du 28 mars par lord Beaconsfield : « Si l'agriculture est chez nous dans un tel « état de souffrance, c'est qu'on a renoncé à la « couvrir par une protection suffisante. »

Est-ce clair ? Si l'agriculture anglaise souffre, c'est parce qu'on a renoncé à la couvrir d'une protection suffisante ! Mais, par contre, si l'industrie anglaise souffre, c'est parce que l'étranger ne veut pas lui ouvrir ses portes. Chez nous on est plus généreux, on essaie noblement de faire ce que l'on demande aux autres de tenter. Soyons moins généreux et plus pratiques ; exerçons nos industries, tourmentons notre sol, demandons-lui ses richesses, comme à la nature ses secrets, pour en vivre et non pour en mourir. On dira peut-être moins partout que nous avons le cœur sur la main, tant mieux, et contentons-nous de l'avoir à sa place. (*Rires et applaudissements prolongés.*)

A côté de ce peuple anglais si pratique, si soigneux de ses intérêts et que nous devrions imiter un peu, il en est un autre qui est dirigé aujourd'hui par un homme qui fut notre ennemi, et je ne crois pas m'avancer beaucoup en disant qu'il l'est toujours, c'est le peuple allemand personnifié dans M. de Bismarck. Il ne perd pas son temps à faire du sentiment, ce grand chancelier. Voilà ce qu'il écrit au conseil fédéral, le 15 décembre 1878 :

« Dans la révision de nos tarifs, notre seul in-
« térêt doit déterminer notre action. »

Voilà du vrai sentiment en affaires.

« Ce qui est nécessaire d'abord, c'est de créer
« le tarif autonome et un système de douane qui
« place tous nos produits *nationaux* dans la position
« la plus favorable possible, par rapport aux articles
« de la *production étrangère.* »

Voilà qui n'est pas dissimulé et qui est plus patriotique qu'un sentiment de tendresse ridicule envers
les pays étrangers !

 Tant que la France sera une patrie, songeons
d'abord aux intérêts français et gardons pour nous
notre marché le plus magnifique du monde avant
de le livrer à nos rivaux d'aujourd'hui, à nos ennemis de demain. (*Applaudissements.*)

Les paroles du prince chancelier, il faut les mé-
diter. Ce qui est vrai pour l'Allemagne, est vrai
pour la France ; ce qui est bon à prendre pour eux,
est bon à prendre pour nous. Et pendant que de
tous côtés on relève les tarifs de douane, relevons
aussi nos tarifs ; ne restons pas à la merci d'une
formule que l'on a pu apprécier d'après ses résultats
et à laquelle on fait dire ce que l'on veut. Prenons
d'abord conseil de notre raison, nous agirons plus
tard avec notre cœur. Il sera toujours temps d'écouter
les doctrines et les doctrinaires !

Je sais bien qu'en ce qui concerne l'agriculture
on ne manquera pas de nous dire : Pour Dieu,
n'apportez pas d'entraves au commerce des vins,
qui ne vivent que par la liberté commerciale ! Ne
les empêchez pas de cingler vers l'Angleterre. Ici
encore je vais vous répondre par des chiffres.

En 1860, vous faisiez 35 ou 40 millions d'hectolitres de vins. Savez-vous quels étaient les droits
à l'entrée en Angleterre ? 151 fr. 36 par hectolitre ;
on abaisse ces droits à 27 francs. Vous doublez
votre production, vous arrivez à 85 millions ; et
les Anglais qui, avant 1860, absorbaient 44,000

hectolitres , n'augmentent leur consommation que de 300,000 hectolitres pour la porter au maximum à 341,000 hectolitres, tandis que la ville de Bordeaux , à elle seule, absorbe 400,000 hectolitres ; nos vins ne conviennent pas au climat froid et humide de l'Angleterre ; il lui faut les vins alcoolisés de l'Espagne et surtout du Portugal, ou bien des liqueurs fermentées comme la bière. Et puis le gouvernement anglais a le plus grand intérêt à ne pas laisser substituer à la bière, qui paie des droits énormes, une autre boisson qui ne paierait pas un impôt équivalent. De telle sorte que tout concourt à ce que nos vins ne soient pas acceptés avec la faveur que l'on suppose.

Si nous examinons, d'ailleurs, les chiffres, nous voyons qu'autrefois, avant les traités, l'ensemble des exportations, en défalquant les importations, présentaient un total de 225 millions.

Depuis les traités, les vins, qui devaient être notre consolation, ne nous rapportent plus annuellement que 189 millions. Et puis nous irions sacrifier notre industrie à un produit qui est menacé par un fléau terrible, le phylloxera, et qui peut disparaître un jour ! Serait-ce raisonnable ?

Pour les soies, mêmes résultats. Avant les traités de 1860 on en exportait pour 498 millions ; après ces mêmes traités, nos exportations sont réduites à 300 millions. Et c'est pour obtenir ce beau résultat qu'on sacrifierait les intérêts de la France entière ! (*Très-bien , très-bien.*)

Voilà , Messieurs, les dangers que nous courons,

et quand on veut interroger sérieusement les chiffres, voilà les enseignements qu'ils donnent.

Aujourd'hui, nous nous trouvons en présence d'une situation qui, si elle se prolongeait, nous conduirait à notre perte. Faut-il faire des traités et comment les ferons-nous? Sur quelles bases établirons-nous nos tarifs de douane? Voilà la question que nous avons à résoudre.

En ce qui concerne les traités, je n'ai pas à revenir sur l'opinion que j'émettais en 1872. Je ne comprends pas qu'une grande nation comme la nôtre aliène son indépendance sous prétexte de liberté. Conservons notre indépendance et ne faisons pas de traités, je le répète.

On nous dit que certaines industries ont besoin de savoir d'avance sous quel régime elles vont fonctionner. Messieurs, les conditions économiques ne changent pas facilement. Voilà neuf ans que nous vivons dans l'attente, et, aujourd'hui, que nous sommes au pied du mur, qu'il faut modifier les tarifs, nous ne voyons qu'indécisions et difficultés nouvelles. Les situations économiques, croyez-le, ne se modifient pas si facilement, et nous n'avons pas besoin d'être liés par des traités pour avoir un peu de sécurité dans le maintien des tarifs.

On nous avait dit : Si nous faisons des traités avec les nations de l'Europe, nous aurons en elles des alliées. Je suis forcé de revenir encore à cette triste vision de 1870. Demandez-vous ce que ces peuples, à qui nous avons fait tant de concessions, ont fait pour nous. Ils ont gardé le silence. Quand

nous succombions sous la force, ils ont montré,
pour nous, l'indifférence la plus brutale. (*Très-bien.*)
Si le malheur voulait que nous eussions à soutenir
une guerre nouvelle, ce serait alors le cas de nous
servir utilement de la signature de nouveaux traités.
Voulez-vous un traité, prêtez-nous votre concours ;
donnant, donnant. (*Très-bien.*) Nous sommes payés
pour avoir de l'expérience. On nous a laissés, dans nos
désastres, absolument seuls ; restons libres, gardons
ce moyen d'action sur les autres nations, ne nous
lions pas d'avance.

Messieurs, ceux qui, comme moi, ont eu l'honneur de faire partie de l'Assemblée nationale au
moment du traité de Francfort peuvent se rappeler
les patriotiques angoisses de M. Pouyer-Quertier,
alors ministre. Nous l'avons vu pleurer, cet honnête
homme et ce grand patriote ; alors que la France
avait donné son dernier sou et son dernier enfant,
il était là les mains liées par ces maudites entraves
sans pouvoir, par des tarifs, demander à l'étranger
sa part de notre rançon. (*Applaudissements prolongés.*)

Enfin, Messieurs, il y a une autre raison pour
laquelle je suis opposé aux traités : c'est que nous
n'en pouvons pas faire.

En effet, le traité de Francfort, qui rétablit la
paix entre l'Allemagne et la France, contient un
article 16 dont voici le sens, sinon les termes :

« Les hautes parties contractantes s'engagent à
« se faire jouir réciproquement des tarifs accordés
« à la nation la plus favorisée. »

Ainsi, par suite de ce traité, pendant que l'Allemagne élève des barrières, augmente ses droits, si vous avez fait un traité avec une nation quelconque, si vous avez ouvert vos frontières au peuple anglais, par exemple, par ce fait même, l'Allemagne jouira, sans nous accorder de réciprocité, de tous les avantages qui auront été concédés, par nous, à l'Angleterre.

Ne croyez-vous pas qu'il y a là une impossibilité absolue de traiter avec les nations voisines ? Pour moi, je le crois.

Le traité de Francfort est un traité de paix qui ne se déchire qu'à coups de canon ; ainsi donc pas de traités de commerce, parce qu'il faut laisser à la France sa liberté, parce qu'il faut lui conserver le moyen de forcer les nations à lui donner quelque chose en échange, parce qu'ils ne sont pas possibles. (*Applaudissements.*)

Et qu'on ne me parle pas de représailles, au moment où toutes les nations nous donnent l'exemple du relèvement des droits ! Sera-ce, par exemple, comme le disait M. Raoul Duval à Louviers, l'Angleterre qui refusera de recevoir nos bestiaux ? Sachez que pour un bœuf que nous exportons il entre en France 3 de ces animaux, et qu'il entre 22 moutons pour un mouton exporté.

Revenons aux tarifs. Les uns veulent élever les droits de telle façon que les produits étrangers ne puissent pas faire concurrence aux produits français sur nos marchés. D'autres veulent les abaisser de façon à ce que nous ayons tout à bon marché. Il y en a d'autres qui veulent maintenir le *statu quo*.

Voulons-nous que les droits actuels soient diminués ? Ainsi que je vous le disais, la crise dont nous souffrons résulte à la fois d'un accroissement formidable de production de l'Angleterre et de la facilité avec laquelle ces produits viennent entraver le travail national. Faut-il donc augmenter cette solidarité funeste ?

Croyez-vous qu'on doive aggraver cette situation ? Je ne le pense pas. Et quand on vient nous dire qu'en élevant ces droits nous faisons quelque chose d'immoral, le mot a été dit, je répondrai qu'il est juste que l'État perçoive certains droits en échange des facilités et de la protection qu'il donne aux produits étrangers.

Écoutez ce que disait à cet égard M. Marc de Haut, un grand agriculteur, en même temps qu'un savant économiste : Un hectolitre de blé obtenu en France a payé environ trois francs de droit avant de sortir de la cour de la ferme. Vous voudriez qu'un hectolitre de blé étranger entrât en France sans qu'il soit possible de lui faire payer quoi que ce soit de ce droit, qui a servi à subvenir aux frais de gouvernement, d'entretien des routes, de police, de gendarmerie, etc. Et tous ces blés étrangers seraient francisés, naturalisés sans participer à nos charges ; cela est-il juste ? L'établissement d'un droit est donc en principe légitime : c'est sur cette légitimité que s'appuient les protectionnistes pour demander à l'État de recevoir, pour son compte, en échange de la faveur qu'il accorde aux produits étrangers d'être admis sur le marché français, une rémunéra-

tion qui les mette sur le pied d'égalité avec nos
produits et protége le travail national. (*Très-bien.*)

Voilà la théorie des protectionnistes basée sur la
compensation. Permettez-moi de vous citer quelques
lignes d'un rapport de M. Thiers alors qu'il était
ministre du commerce, en 1834. Il dit que le système
qui consisterait à fermer les frontières aux produits
étrangers n'est pas admissible ; qu'un système qui
consisterait à isoler complétement une nation de
toutes les autres pour lui faire produire tout ce dont
elle aurait besoin et se ménager à elle seule l'avantage de l'approvisionnement est impossible et n'a
jamais existé nulle part.

« Une nation qui agirait ainsi, ajoute M. Thiers,
« agirait follement ; elle s'épuiserait en efforts im-
« puissants pour acclimater les productions du Midi
« sous le ciel du Nord et celles du Nord sous le
« ciel du Midi ; elle négligerait ce qu'elle sait faire
« pour produire mal et chèrement ce que d'autres
« lui donneraient en abondance et à vil prix.......
« Quant au système opposé, celui d'une liberté d'é-
« change illimitée, il est aussi chimérique que son
« contraire et n'aurait pas de meilleurs résultats. »

Il faut donc des tarifs ; mais les nations ont-elles
toujours employé le moyen des tarifs avec à propos
et avec mesure ? C'est ce qu'examine M. Thiers ;
il le fait dans les lignes suivantes :

« On comprend, on admet un tarif pour protéger
« nos productions nationales qu'il est utile de dé-
« velopper sur le sol, mais on ne comprend pas
« un tarif qui ne serait qu'une hostilité contre une

« nation, ou qui ne serait qu'une représaille ;
« c'est là pour rendre le mal qu'on a reçu, com-
« mencer par s'en faire à soi-même... On ne com-
« prend pas davantage l'utilité d'un tarif dont l'objet
« serait de protéger une production qui n'a aucune
« chance de se développer sur un sol où elle ne
« rencontre pas les conditions nécessaires de la
« perfection et du bon marché. A toutes ces con-
« ditions, l'emploi des tarifs est ou une vengeance
« mal entendue, ou une faveur abusive, ou un
« essai malheureux et impuissant.

« En établissant ainsi la discussion, on la rend
« sur-le-champ utile et féconde. Il ne s'agit plus
« de systèmes hypothétiques, rêves de la théorie,
« il s'agit de l'emploi d'un instrument dont aucune
« nation n'a pu se passer ; il s'agit de son emploi
« bon ou mauvais. *Employé comme représailles, il
« est funeste ; comme faveur, il est abusif ; comme
« encouragement à une industrie exotique, il est
« impuissant et inutile. Employé pour protéger un
« produit qui a chance de réussir, il est bon, mais
« il est bon temporairement ; il doit finir quand
« l'éducation de l'industrie est finie, quand elle est
« adulte... Là est le progrès, là est la liberté future,
« jamais illimitée, mais toujours progressive.* »

Voilà, Messieurs, de la vraie science économique
et du sens pratique ! C'est bien sur ces bases que
je comprends la confection des tarifs ; c'est ainsi
qu'il faut comprendre la protection intelligente et
patriotique, c'est-à-dire celle qui, utilement em-
ployée, est féconde pour le pays, et sauvegarde à

la fois les intérêts du producteur et ceux du consommateur. (*Très-bien.*)

Je vais avoir l'honneur de vous exposer, dans un instant, quel est le système de nos adversaires. Ce système, me dit-on, vous sera développé bientôt par un orateur de grand talent, M. Pascal Duprat, dont on m'annonce l'arrivée dans nos contrées, et que je regrette de compter au nombre de nos adversaires. Je m'efforcerai de le développer avec toute la sincérité possible ; mais auparavant, je vous demande d'interrompre cette conférence pendant quelques minutes : je ne le ferai pas, toutefois, sans exprimer le regret d'être forcé de vous retenir aussi longuement sur une question aussi aride. J'en trouve la force et tout à la fois mon excuse dans l'attention que vous voulez bien me prêter et dans mon désir ardent et patriotique de défendre nos intérêts communs. (*Applaudissements.*)

La conférence est suspendue. L'orateur est entouré et reçoit les félicitations d'un grand nombre de ses auditeurs.

La séance est reprise après une interruption de dix minutes.

M. LE PRÉSIDENT. — La parole est à M. Aclocque.

M. ACLOCQUE. — Messieurs, nous avons vu quelle était l'opinion de M. Fould, quelle fut celle de M. Thiers en ce qui concerne le libre-échange poussé à de certaines limites.

Je dois dire qu'aujourd'hui le système protectionniste absolu est abandonné ; de même le système libre-échangiste absolu n'a presque plus de partisans.

On ne saurait admettre le libre-échange entre deux nations que dans le cas où elles ne pourraient plus être menacées un jour d'avoir la guerre entre elles, et où les situations économiques seraient équivalentes ; ce n'est que dans le cas où ces conditions seraient remplies que le libre-échange pourrait être établi entre deux pays. Et c'est parce qu'elles devaient se réaliser entre les provinces d'une même nation qu'on a justement et à bon droit réclamé la suppression des taxes intérieures. Laissons donc le libre-échange absolu à l'état de pure doctrine. Il est néanmoins nécessaire de vous expliquer sur quoi repose la théorie des libre-échangistes.

Lorsqu'un libre-échangiste croit devoir défendre sa cause, il se borne le plus souvent, j'ai le regret de le constater, à accabler ses adversaires d'accusations et d'injures. Je ne les relèverai pas ces accusations et ces injures, souvent aussi déplacées qu'injustes, cependant j'éprouve le besoin de vous en dire un mot, tout à l'heure.

4

En fait, une conférence libre-échangiste se divise en trois parties : on pose d'abord des principes, on cite ensuite des chiffres et enfin on se livre à des attaques contre ses adversaires. J'ai dit sur les chiffres tout ce que j'en voulais dire.

Les axiomes sont peu nombreux, nous les examinerons successivement ; voici d'abord le premier : « Chaque pays ne doit fabriquer que ce qu'il est le plus propre à fournir. » Je ne discute pas la valeur de cette assertion, d'ailleurs fort contestable, sauf en rêve ; je me contente de dire : Je suis Français, voyons ce que la France produirait si un tel principe était admis.

Ferez-vous les tissus de coton ? Non, l'Angleterre s'y oppose parce qu'elle produit dans des conditions contre lesquelles vous ne pouvez pas lutter. Ferez-vous des tissus de laine ? la Saxe, le Tyrol ne vous le permettent pas ; du fer ? la Belgique et l'Angleterre vous le défendent ; des céréales ? non, l'Amérique les produit à meilleur marché ; du bétail ? le Canada s'y oppose. Que fera donc la France ? des objets d'art ! des articles de goût, l'article de Paris !

Croyez-vous donc avoir le monopole de l'art ? N'avez-vous pas examiné avec soin la section artistique de l'Exposition de 1878 ? Deux nations s'y sont révélées. Autrefois nous pouvions revendiquer la supériorité dans tout ce qui touchait à l'art. Aujourd'hui l'Autriche-Hongrie et l'Allemagne ont fait les plus grands efforts pour atteindre à notre niveau. Il faut savoir rendre justice à ses rivaux

et constater que ces deux nations menacent notre .
supériorité, jusqu'ici incontestable. Le souvenir de
la grandeur et de la décadence de l'art grec, le
souvenir du degré de perfection qu'atteignit l'art
en Italie, avant que ses artistes, appelés à la cour
de nos rois, n'aient fait de nous ce que nous sommes encore, doit nous servir d'enseignement et nous
apprendre que l'art se déplace et n'est pas le monopole d'une famille ni d'un État. Et puis je me
demande ce que nous pourrions devenir si nous
faisions tous de l'art. (*Rires.*)

Et l'article de Paris ! Vraiment je suis surpris
quand je vois la chambre de commerce de cette
ville réclamer le libre-échange comme si les industries qu'elle représente n'étaient pas toutes protégées. Il semble que l'industrie parisienne ait absolument besoin du libre-échange et qu'elle n'a que
faire de la protection. Mais ne sait-on pas que ces
articles de buis, d'écaille, d'os et d'ivoire, ces
manches de canne et de parapluie, ces ouvrages en
cuirs, porte-monnaie, portefeuilles, etc., ces jouets
d'enfants, tous ces articles vivent et se créent à
l'abri d'une protection de 10 0/0 ? Ne sait-on pas
que les tailleurs, les cordonniers, les parfumeurs,
les bijoutiers, les serruriers, les chaudronniers, les
constructeurs, etc., etc., tous sont protégés?

Que penseront-ils de leurs délégués à la chambre
de commerce qui se proclament partisans de la suppression de la protection, comme nous l'avons vu
récemment, quand dix-huit chambres de commerce,
y compris celle de Paris, se prononçaient en faveur

de la réduction des droits ? Il est vrai que soixante-deux chambres de commerce leur répondent par une demande en sens contraire.

Voilà donc ce fameux article de Paris si libre-échangiste, qu'il faut protéger à son tour !

Et quand on nous dit que nous sommes et devons rester une nation agricole ! vraiment, je m'étonne d'avoir à faire observer encore, en dehors des obstacles que j'ai énumérés tout à l'heure, qu'une nation purement agricole s'enrichit moins qu'une nation industrielle et commerçante et que c'est le sort des nations pauvres d'être assujetties.

Est-ce que ce n'est pas à leur immense commerce que les républiques d'Italie, de Gênes et de Venise ont dû leur étonnante grandeur ?

N'est-ce pas à sa puissance industrielle que l'Angleterre a dû sa prédominance ?

Vous avez peut-être lu un journal qui nous conseille de faire de la betterave et du tabac si nous ne pouvons pas faire de céréales et de bestiaux, comme si notre tabac devait nous donner des ressources suffisantes, comme si la betterave se faisait sans fumier et le fumier sans bestiaux. Cette idée d'un journal sérieux est si ridicule que les partisans de la théorie du libre-échange n'ont pas craint de dire que c'est nous qui l'avions inventée. (*Rires.*)

Croyez-moi, Messieurs, si nous suivions les conseils des doctrinaires, la France serait bientôt ruinée, et il ne faut pas qu'elle soit ruinée ; plus que personne nous la voulons grande et prospère, et c'est pour

cela que nous repoussons leur système. (*Applaudissements.*)

Mais il est d'autres axiomes encore dans la théorie
libre-échangiste. Bastiat a publié une série d'apho-
rismes fort spirituels sans doute, mais plus ou moins
profonds, à propos de l'économie politique; il a également posé des principes, entre autres celui-ci qu'a
reproduit M. Michel Chevalier : « Tout citoyen ne
doit d'impôts qu'à l'État. » En principe, cela peut
se formuler, mais je vous demande s'il serait intelligent de supprimer à l'État les revenus que l'industrie lui apporte en compensation de la protection
qu'il lui donne?

Si, par suite des droits protecteurs d''une industrie, on peut dire que cette industrie coûte aux
consommateurs, c'est-à-dire aux contribuables, un
total annuel de 40 millions, croyez bien qu'on peut
évaluer, par contre, à plus de 400 millions le
concours que cette industrie apporte aux contribuables dans le paiement des impôts.

Est-il sage de dire qu'il ne faut pas que les
citoyens payent à cette industrie un impôt de
40 millions, si cet impôt doit diminuer leur charge
d'un fardeau dix fois plus lourd?

Vous voyez combien les doctrines et les doctrinaires peuvent devenir funestes par des applications
aussi dangereuses de théories séduisantes et vraies
en apparence.

Un économiste d'une grande valeur, un écrivain
qui traite les matières économiques, dont il s'est fait
une spécialité, avec autant de clarté que d'élégance,

M. Amédée Marteau, a eu l'ingénieuse idée de préparer un travail à l'aide duquel il démontre dans quelle proportion les pays industriels payent à l'État le contingent de leur concours financier. J'ai la bonne fortune, grâce à l'obligeance de M. Marteau, de vous apporter les prémices de cet important travail et d'en placer les épreuves sous vos yeux :

Vous assurez, dit l'auteur, qu'accorder une protection à une industrie quelconque, c'est faire payer aux citoyens un impôt en faveur de cette industrie; examinons dans quelle proportion les contrées industrielles sont une charge pour l'État. Le Nord renferme surtout des départements industriels ; le Centre comprend surtout des départements agricoles, il est le grenier de la France, et le Midi, des départements vinicoles. Prenons huit départements industriels, le Nord, l'Aisne, le Calvados, l'Eure, le Pas-de-Calais, la Seine, la Somme et les Vosges ; huit départements agricoles, le Cher, l'Eure-et-Loire, l'Ile-et-Vilaine, l'Indre-et-Loire, le Loiret, la Nièvre, la Vendée et le Maine-et-Loire ; huit départements vinicoles, l'Aude, la Charente, la Charente-Inférieure, le Gard, l'Hérault, la Gironde, la Haute-Garonne et la Dordogne. Examinons quelle est l'étendue, la surface de ces départements : les huit départements industriels comprennent 4,700,000 hectares ; les départements agricoles, 5,300,000 hectares, et les départements vinicoles, 300 mille hectares de plus.

Si nous nous demandons ce qu'un individu paie d'impôt et ce que l'hectare rapporte également d'impôt dans chacune des trois régions, on voit que

l'impôt payé dans les départements industriels s'élève
à la somme de 76 fr. 10 par tête d'habitant et à
88 francs par hectare habité ; dans les pays agricoles,
l'individu ne rapporte que 51 francs et l'hectare que
28 francs ; dans les pays vinicoles, l'habitant paie
à l'État 58 francs et l'hectare habité 38 francs. Il
suffit de la comparaison de ces chiffres pour établir
que les pays industriels paient une somme d'impôt
bien supérieure à celle que paient les pays vinicoles
et les pays agricoles. Donc, les pays industriels ne
sont pas à charge à l'État; ils apportent au contraire
au pays une part contributive plus forte que les
autres départements. (*Très-bien, très-bien.*)

Je trouve ce raisonnement extrèmement ingénieux.
Je n'insisterai pas davantage ; ce que je vous en ai dit
suffit pour vous montrer que si l'on prélève pour
les industries un impôt, cet impôt n'est pas une
charge pour les contribuables et leur vient au contraire puissamment en aide.

Du reste , une chose que les libre-échangistes
oublient, c'est que nous aussi nous pourrions établir
des principes dont la valeur est incontestable : nous
disons, nous, qu'il faut produire pour mettre le producteur en état de devenir consommateur, et, ainsi
que me le faisait remarquer tout à l'heure, pendant
les quelques instants de repos que nous venons de
prendre, un de mes honorables collègues, M. Dou-
menjou, comment voulez-vous que l'agriculteur arrive à payer ses frais s'il n'a pas les moyens
de vendre son blé? Nous ne payons nos dépenses
qu'avec le produit de nos ventes. Quand les libre-

échangistes nous disent : nous voulons avoir les choses à bon marché, je réponds : mais je demande à avoir le moyen de les payer. Celui qui est riche n'est pas celui qui a tout à bon marché, mais celui qui a beaucoup d'argent pour payer les choses même à un prix élevé. (*Rires et applaudissements.*)

Ce principe, vrai pour les individus, est vrai pour les nations.

Voilà la vérité. Il ne s'agit pas, pour rendre un pays riche, de lui fournir tous les éléments dont il a besoin à bon marché, mais de lui fournir les moyens d'avoir beaucoup d'argent pour acheter les objets dont il a besoin.

Les économistes libre-échangistes devraient bien se rappeler, en fait de doctrine, les préceptes de leur patriarche, Adam-Smith.

N'est-ce pas lui qui a dit : « Le capital qui sera « employé dans le commerce du pays donnera en « général de l'appui et de l'encouragement à une « plus grande quantité de travail productif dans ce « pays et augmentera plus la valeur de son produit « annuel que ne le fera un pareil capital, employé « au commerce étranger de consommation ? »

Est-ce assez clair, assez en contradiction avec ce que disent les libre-échangistes ? C'est pourquoi il m'a semblé utile de relever les affirmations d'Adam-Smith, qui sont conformes aux vrais intérêts de la nation. Quisnay, d'ailleurs, a émis la même pensée exprimée en d'autres termes.

Un fait remarquable, c'est la violence avec laquelle on constate le mouvement protectionniste chez nos voisins, chez lesquels il se traduit, non par des phrases, mais par des actes. M. de Bismarck demande le relèvement des droits, le parlement ne veut pas le lui accorder, il le dissout. Au bout de quelque temps, un autre parlement revient avec les mêmes idées, M. de Bismarck tient bon, et les droits vont être augmentés. L'Italie, l'Espagne, ont relevé leurs droits, et les viticulteurs eux-mêmes, qui réclament avec tant d'énergie l'abaissement des tarifs, ont élevé la voix et demandé la protection qu'ils nous refusent, quand on a parlé de faire entrer les vins italiens et espagnols en franchise. (*Rires.*)

Le Canada élève ses droits de 28 0/0 sur les produits de sa métropole, l'Angleterre. Voilà le courant qu'il faut suivre si nous avons quelques soucis de nos intérêts. Si nous n'étions pas solidaires de l'Angleterre, nous la laisserions se débattre au milieu des difficultés dont elle souffre, mais dont elle est responsable. Voilà pourquoi nous devons rester maîtres de notre situation et n'être subordonnés ni aux Anglais ni aux Américains; nous ne devons pas rester solidaires des situations compromettantes de leur état économique.

Nous avons des qualités précieuses : nous sommes laborieux, économes, très-sages; en apparence, nous sommes un peuple frivole; mais, en réalité, nous sommes très-prudents quand il s'agit de nos intérêts. Quand on pénètre dans la maison d'un Francais on est étonné du sérieux qui préside à la direction de ses affaires et de sa famille. Ce que je dis là n'est peut-être pas modeste, mais je n'ai pas à être

modeste ici vis-à-vis de Français. J'aime mon pays, et
je suis fier de lui appartenir. (*Applaudissements.*)

Je ne reconnais aux pays étrangers qu'une seule
supériorité vraiment incontestable, c'est que ce n'est
que quand on y habite que l'on sent combien la
France est supérieure à tous les autres. (*Bravo ! Très-
bien !*)

On met encore en avant les deux assertions suivantes, qui paraissent, à première vue, incontes-
tables : la protection élève le prix des produits ;
la liberté commerciale le diminue.

Si j'ai voulu vous les citer, c'est qu'elles sont
invoquées à chaque instant et que je me crois en
droit de dire que ces vérités ne sont pas rigoureusement exactes ; les faits, du moins, semblent, en
quelques circonstances, démontrer le contraire.

D'abord, la protection rend un produit plus cher.
M. de Bismarck, qui joue aujourd'hui un rôle économique prépondérant, répond : ce n'est pas vrai.
Quand un droit est mis à la frontière, dit-il, c'est
le producteur qui le paie. Cela paraît étrange, et
cependant, sans être aussi affirmatif que le prince
de Bismarck, on peut avancer que ce fait est très-
souvent exact. Il est certain que, si vous frappez
d'un droit un produit à l'entrée à la frontière, en
apparence, vous élevez le prix de ce produit du
montant de ce droit ; en réalité, vous n'en élevez
pas le prix. En voulez-vous un exemple : la parole
de M. de Bismarck n'est que la traduction d'un fait
comme le suivant. L'Amérique, après la guerre de
sécession, était écrasée d'impôts. Tout était très-

cher, et les États de l'Union étaient obligés de laisser
entrer les produits de qualité inférieure que leur
destinait le continent. Vous savez, en effet, ce que
sont les marchandises d'exportation.

Est-ce que pour améliorer sa situation l'Amérique
a marché plus avant dans le système du libre-
échange ? Elle a fait le contraire, elle a relevé les
droits d'une quantité si forte qu'ils équivalaient à
une véritable prohibition. A l'abri de ces droits, son
industrie s'est accrue parce qu'elle était assurée du
placement de ses produits et certaine de n'être pas
concurrencée, écrasée, par les produits étrangers.

Tranquillement, avec leur volonté, leur énergie
et aussi leur témérité, les Américains ont créé des
usines immenses, et non-seulement ils ont payé
toutes leurs dettes, mais leur situation est devenue
tellement florissante, que de tributaires qu'ils étaient
de notre industrie européenne, ils sont devenus
menaçants pour l'industrie des autres nations.

Pour les fers, par exemple, en Amérique, ils va-
laient 25 francs, plus 2 francs de transport, soit 27
francs ; on les grève d'un droit de 20 francs, les
voici à 47 francs. L'État disait : Si vous ne voulez
pas les payer 47 francs, faites-les vous-mêmes ; si
vous n'en faites pas, je percevrai le droit de 20 francs
sur les entrées. Aujourd'hui ils ne les paient plus
47 francs, ils ne les paient plus 30 francs, ils se
proposent, malgré le prix du transport, de les
fournir à meilleur marché que nous. Donc la protection ne rend pas un produit plus cher, puisque

les Américains, sous ce régime, sont arrivés à produire à si bon marché. (*Très-bien.*)

La liberté commerciale, disent les libre-échangistes, rend tout meilleur marché. Je dis que c'est
encore quelquefois une erreur. J'en trouverai la
preuve, dans l'Ariége, dans un fait que j'emprunte
à l'industrie de notre département.

C'est encore les fers qui me serviront d'exemple.
L'Ariége produit des fers, de qualité supérieure, et
dans cette production nous n'avons qu'un ennemi,
c'est la Suède. Ses fers se vendent aujourd'hui
27 francs, et l'Ariége est le seul pays qui sou-
tienne encore, sur ce point, la réputation de la
France. Allez dans le Périgord, la Comté, les
Landes, et si vous demandez ce qu'est devenue
l'industrie métallurgique si réputée autrefois de ces
contrées, c'est l'écho des grands murs déserts qui
vous répondra. L'industrie de l'Ariége a donc tenu
le drapeau de la France très-haut et elle est seule
aujourd'hui à le défendre. (*Très-bien.*) Supposez que
vous enleviez les droits, qui sont de 6 francs, le
consommateur devrait se dire : Je ne vais plus payer
le fer que 21 francs au lieu de 27. Il se tromperait,
il arriverait tout le contraire : l'Ariége cesserait de
produire; et quand les fers de Suède seraient seuls,
pourquoi voudriez-vous qu'ils restassent à 21 francs?
Ils monteraient à 24, à 30, à 50, à 70 francs. On
les a vus à ce taux. Un de mes honorables auditeurs
ne me démentira pas, il s'en souvient encore, et
vous, consommateurs, en serez-vous plus avancés?
On nous dit qu'en Suède il y a 30, 40 usines qui

maintiendront les bas prix en se faisant la concurrence. Quelle erreur ! Ah ! Messieurs, que c'est
connaître bien mal l'Angleterre ! Elle aurait bientôt
syndiqué les usines de Suède, elle les aurait toutes
dans ses mains, et la concurrence n'existerait plus.
Elle connaît si bien le terrain que les commerçants
de Stokolm et de Gotenbourg sont peut-être déjà
dans les mains des agents anglais. (*Très-bien.*)

Voilà comment ces préceptes libre-échangistes, si
favorables en apparence, peuvent être, en réalité,
des menaces pour notre industrie, pour notre commerce, pour notre fortune, et pourquoi il faut les
examiner à fond. J'aurais, peut-être, la consolation
de vous avoir fait voir, sous un jour nouveau et
plus vrai, des choses qui sont dangereuses et qu'on
vous indique comme conformes à nos intérêts. (*Très-
bien, très-bien, applaudissements.*)

Un mot seulement sur les attaques dont nous
sommes l'objet. On nous dit : Vous êtes en retard ;
si vous ne savez pas lutter, ne luttez pas. Je
répondrai par l'Exposition de 1878.

Je souffre dans mes sentiments patriotiques quand
je vois attaquer ainsi l'industrie de mon pays. Je
trouve criminel que ce soient des bouches françaises qui célèbrent la gloire de l'étranger en rabais-
sant injustement l'industrie de la France.

Non, Messieurs, il n'est pas vrai que notre
industrie soit inférieure à celle de l'étranger. Pour
ne parler que de notre département, j'ai visité les
usines à fers anglaises et je n'ai pas rougi, tant
s'en faut, de celles de notre Ariége.

J'ai vu les filatures que l'on a bien voulu me
montrer à Lavelanet, et, je le dis avec orgueil,
ses métiers sont aussi bien montés que dans
n'importe quelles usines de l'étranger. (*Très-bien.*)

Je repousse comme injurieuses et anti-patriotiques
ces allégations et ces menaces que m'apportent les
échos du *Cobden-Club*, et que je ne voudrais pas
voir traduites en français et lancées au hasard par
des doctrinaires fanatisés. (*Très-bien.*)

M. Jules Simon a fait récemment une conférence,
il y a quelques semaines à peine, au Cirque, au
mois de janvier ou de février; il a renouvelé ces
attaques dirigées contre nous. Si j'appelle votre
attention sur cette conférence, c'est qu'il est impossible de ne pas tenir compte de la situation
qu'a conquise le conférencier, de la supériorité de
son talent et de l'influence qu'il exerce sur ceux
qui ont la bonne fortune de l'entendre.

Je suis obligé de reconnaître combien sa parole
facile est séduisante, et je sais que nous ne pouvons mettre en doute ses sentiments patriotiques;
mais il appartient à l'école doctrinaire et philoso-
phique beaucoup plus qu'à l'école des praticiens.
Il est évident qu'il base ses théories sur des faits
qu'on lui a apportés et dont il n'a pas toujours
pu vérifier l'exactitude. Sa conférence se divise en
deux parties principales : 1° les attaques dirigées
contre nous ; 2° ses conclusions. Ce sont ces deux
points que je vais faire passer sous vos yeux. En
ce qui concerne ses attaques et ses assertions, je
ne pourrais que difficilement y répondre parce que

la haute personnalité du conférencier demande un adversaire plus élevé que moi et plus digne de lui ; je préfère donc laisser la parole à un industriel entouré de la considération générale, un sénateur aussi, un homme d'une haute compétence, qui a passé une vie déjà longue dans l'industrie.

Voici ce que l'honorable M. Feray d'Essonnes répondit à M. Jules Simon, dans une lettre rendue publique. Je vous demande la permission d'en extraire quelques lignes :

« Plus votre parole est autorisée, mon cher
« collègue, plus votre éloquence admirable entraîne
« ceux qui vous entendent et ceux qui vous lisent,
« et plus il m'est impossible de laisser sous le
« coup d'un pareil anathème toute une classe de
« travailleurs à laquelle je m'honore d'appartenir. »

« .... Vous n'avez pas assisté à ces
« enquêtes, mon cher collègue, et sans doute
« vous ne les avez pas lues, sans quoi vous n'auriez
« pas émis une assertion en opposition avec les
« faits. »

Est-ce assez joliment tourné ? Cela veut dire, poliment, vous ne savez pas ce que vous dites, mais vous le dites en termes fort éloquents. (*On rit.*)

M. Feray fait ensuite observer que toutes les industries sont protégées parce qu'il le faut pour les conserver à la France ; que les vins notamment, si libre-échangistes, réclament une augmentation de droit de 1,500 0/0. (*Sensation.*)

Il explique, ce qui est rigoureusement exact, que si nos concurrents travaillent à meilleur marché que nous, ils sont loin de travailler aussi bien ; pourquoi donc dire qu'ils. travaillent mieux et à meilleur marché ?

Enfin , M. Feray ajoute : « Aujourd'hui nous « sommes à bout de forces ; il ne nous reste plus « que la ruine, la liquidation à laquelle on nous « convie pour le plus grand bien de tous. »

Voilà la récompense de cinquante ans de travail, de progrès et d'efforts ! Messieurs, vous ne le voulez pas, vous ne le permettrez pas. (*Applaudissements.*)

La réponse de M. Feray produisit un grand effet ; vous aurez à juger vous-mêmes à qui vous devez donner votre confiance, en matière économique bien entendu, à l'homme qui s'appuie sur la doctrine pure ou à celui qui tire profit des leçons de l'expérience ; à l'homme qui a passé sa vie au milieu des usines ou à celui qui a simplement lu dans les livres ce que certaines personnes ont écrit contre l'industrie et le commerce de la France.

Si j'ai parlé de la conférence de M. Jules Simon, c'est que j'en ai retenu surtout ses conclusions. Il dit : « Nous ne voulons plus des partis extrèmes, « nous sommes près de nous entendre. Qu'est-ce « que nous demandons ? Que vous n'alliez pas en « arrière, que vous ne releviez pas les droits ; « nous ne voulons pas aggraver les souffrances. « Nous voulons maintenir ce qui existe. Ayons « courage, et le génie de la France se relèvera, etc. »

Ces conclusions n'ont rien d'extraordinaire. Mais nous avons de la mémoire et nous nous souvenons

qu'il y a deux ans, M. Jules Simon était en Angleterre ; il était à cette époque chef du cabinet. Un
'autre ministre, homme fort érudit, l'accompagnait.
Tous deux assistèrent à un banquet qui leur était
offert, et ils disaient aux Anglais : Ne craignez pas
de marcher en avant, vous ne resterez pas seuls,
nous sommes avec vous, nous sommes solidaires
de vos doctrines. Marchez dans la voie du progrès
et vous aurez avec vous non-seulement une partie
du cabinet, mais encore la grande majorité de la
nation française. C'étaient ces deux hommes très-
honorables et d'un talent incontestable qui parlaient
ainsi en Angleterre. Je ne l'ai pas oublié. Or les né-
gociateurs anglais ont fait connaître leurs propositions.

Pour les textiles ils demandaient une diminution
des droits de 50 0/0, pour les fers une diminution de
25 0/0 devant être portée en 1882 à 50 0/0. Voilà
donc la prétention que M. Jules Simon se proposait
d'appuyer.

Aujourd'hui M. Jules Simon demande le *statu quo* ;
il y a deux ans, il demandait que les droits
fussent abaissés de 50 0/0, toujours au nom des
intérêts français. Ainsi le même orateur qui aujour-
d'hui reconnaît que les droits actuels sont indispensables, risquait, il y a deux ans, de compromettre
la fortune de la France en patronant, lui, chef du
cabinet, un système actuellement reconnu funeste !
Et vous voudriez que l'éclat de sa parole et de son
talent fût suffisant pour me ranger à sa doctrine ?
(*Très-bien.*)

Non ! il me suffit d'avoir établi cette mobilité

de convictions pour être autorisé à lui dire : Votre doctrine est fausse, dangereuse, et je la repousse au nom de la France ! (*Applaudissements.*)

Qu'on ne me dise pas qu'un désir de conciliation et d'entente a dicté à M. Jules Simon ses conclusions nouvelles ! On ne sacrifie rien quand on est sûr de parler au nom des intérêts du pays. (*Très-bien.*)

Il y a dans la presse beaucoup d'hommes qui font tout ce qu'ils peuvent pour rester impartiaux, pour étudier les questions avec tout le soin possible. En matière économique, en général, la presse se montre hésitante, elle est le reflet de l'opinion. Certains journaux cependant sont très-ardents dans un sens ou dans l'autre. Il est un journal, la *République française*, journal doctrinaire s'il en fût, qui étudie ces questions avec beaucoup de calme, je laisse de côté, bien entendu, les questions politiques. Toutes les matières y sont traitées souvent avec beaucoup de compétence et toujours avec ménagement. Sur les principes économiques, la doctrine de la *République française* a été hésitante : autrefois elle s'est montrée favorable à la protection ; aujourd'hui, par suite de modifications, résultant, dit-on, de l'influence de certaines personnalités augustes, la *République française* semble avoir changé d'opinion, et, tout récemment, dans le compte-rendu d'un comice qui s'est tenu à Chartres, elle insère les lignes suivantes, que je cite parce qu'en quelques mots elles résument les arguments le plus souvent reproduits :

« La cause de la liberté » comme si la liberté

avait quelque chose à voir dans la dépendance dont on nous menace ! « la cause de la liberté a été « défendue dans cette réunion de Chartres avec « beaucoup de science et de compétence par un des « vice-présidents du comice agricole, M. Boutet, qui « a montré par des chiffres qu'à la suite de l'abais- « sement des anciens droits de douane, le commerce « extérieur de la France avait augmenté. »

J'ai eu l'honneur de vous montrer que la saine interprétation des chiffres prouve précisément le contraire ou tout au moins que l'augmentation de ce commerce est faite dans des conditions dangereuses et compromettantes pour notre fortune.

Je poursuis la lecture du journal :

« Il a montré aussi, par le relevé des déclarations « de succession, que la richesse s'était grandement « accrue dans la même période de temps. Ensuite « il est entré dans l'examen de ce que l'agriculteur « avait à gagner et de ce qu'il avait à perdre à « la protection, et a établi sans peine qu'il y « perdrait beaucoup plus qu'il ne pourrait y « gagner. »

Je tiens à relever ces deux dernières erreurs, parce que je les ai vu reproduire très-souvent.

On nous dit que le relevé des déclarations de succession montre que la richesse générale s'est accrue. Vous avez bien compris que les déclarations de succession d'un État sont proportionnelles à la richesse de cet État ; mais elles s'accroissent en raison directe de la dépréciation de la valeur de l'argent. Or, l'argent n'a plus la valeur qu'il avait il y a trente ans. De plus, on a créé des industries qui ont augmenté de beaucoup par leur prospérité la fortune publique ; ainsi, par exemple, un capitaliste a acheté des actions du chemin de fer du Nord, libérées, je crois, à 400 francs, les voici aujourd'hui à 1,500 francs, voilà une fortune qui a quadruplé. Certaines feuilles périodiques, *le Petit Journal, le Figaro*, donnent des bénéfices considérables ; les traités de commerce n'y sont pour rien, pas plus qu'ils ne sont pour quelque chose dans la plus-value de la plupart des autres valeurs. Pour un journal sérieux, l'argument devait disparaître tout à fait de la discussion. (*C'est vrai.*)

On nous dit pour les agriculteurs, et je sais qu'il en est beaucoup parmi ceux qui me font l'honneur de m'entendre, on nous dit que les agriculteurs ont plus à perdre qu'à gagner à la protection.

Voilà ce que je nie absolument.

Je suppose, en effet, qu'on établisse un droit de deux francs par hectolitre sur le blé. Il est admis, vous le savez, qu'un homme peut travailler trois hectares de terre, qui rapportent en moyenne 15 hectolitres par hectare, soit, en tout, 45 hectolitres. Deux francs de protection par hectare, cela fait 90 francs. Voilà le concours que lui prête la protection. Voyons maintenant quelle charge seront pour lui les droits sur la filature et la métallurgie, qui, dit-on, pèsent le plus lourdement sur le laboureur.

On compte qu'il faut 5 kilos de fers à l'hectare, soit 15 kilos pour les trois hectares ; à 6 francs

par cent kilos, cela fait 0 fr. 90 c. pour les trois
hectares ; on a calculé que pour un individu l'ensemble des droits sur le vêtement s'élève à 1 fr.
70 c.; les droits sur les industries textiles et métallurgiques s'élèveront donc ensemble à 2 fr. 60 c.
La protection impose, par conséquent, à l'agriculteur, 2 fr. 60 c. de charges et lui donne 90 francs
de protection. Il n'est pas nécessaire d'insister sur
ce point, n'est-ce pas ?

Il y a aussi certains journaux qui vont bien
loin. Ils appellent ceux qui demandent la protection :
l'infection protectionniste ! Oh ! je vous demande
pardon de cette expression, je voulais vous donner
une idée du style employé par quelques feuilles.
Et cependant celle qui nous a gratifié de cette
épithète passe pour un journal sage et modéré. Sur
le terrain économique, elle perd toute retenue, elle
perd aussi la tête, et dit des choses étranges ; on
y lit des phrases comme celle-ci :

« N'en avons-nous donc pas fini avec les hauts
« barons de l'industrie !

« C'est pour leur conserver leurs priviléges que
« le peuple s'épuise et succombe ! On a fait le 4
« août contre la noblesse, n'aurons-nous pas aussi
« le 4 août industriel, etc., etc. »

On se demande vraiment qui peut écrire des
choses pareilles. Si c'était un pauvre industriel
ruiné, aigri par les malheurs et les chagrins, cela
se comprendrait encore, on l'excuserait. Mais tout
cela est écrit, tout cela est inspiré par le châtelain
d'Armainvilliers, résidence si belle qu'elle surpasse

celles que nous pouvons offrir au chef de l'État, l'inspirateur de la chronique économique de la *Liberté*, c'est M. Pereire.

M. Pereire a-t-il le droit de s'élever contre la protection? Il est à la tête, si je ne me trompe, d'une société transatlantique qui reçoit neuf millions de subvention. Qui est-ce qui paie ces neuf millions ? C'est vous ! Quand il vient dire : Je suis l'apôtre du libre-échange et je ne veux pas qu'on paie d'impôt à d'autres qu'à l'État, il ne pense pas à cet impôt que nous lui payons à lui et non à l'État. (*Très-bien.*)

Voilà le désintéressement des hommes qui chaque jour nous couvrent de sarcasmes et d'injures. Certes, au point de vue de l'estime particulière, je ne refuse rien aux apôtres du libre-échange dont les noms nous ont été signalés dans la réunion de l'*Association pour la défense de la liberté commerciale* sous la présidence de M. d'Eichtal ; mais nous aurions, à d'autres points de vue, notamment à celui de la logique, le droit d'être sévères aussi. M. d'Eichtal, qui attaque les protectionnistes, est le président du conseil d'administration de la compagnie du Midi, à laquelle nous devons beaucoup, mais qui touche de l'État une subvention que nous payons tous, vous et moi. N'est-ce pas une protection qu'accepte cette compagnie libre-échangiste dans son président? Et jugez de l'importance de cette subvention ! Je prends la ligne de Tarascon à Ax. Elle coûtera 9 millions, sur lesquels la compagnie reçoit 4,900,000 francs, ajoutés à la garantie d'intérêt. Et celui qui ne veut pas de la protection accepte et réclame, pour sa compagnie, toutes ces subventions que nous payons. Voilà ceux qui nous attaquent. Vous citerai-je MM. Raoul Duval, Jules Simon, Pascal Duprat, Frédéric et Louis Passy, tous hommes certainement très-honorables et dont les intentions sont excellentes, mais aussi hommes de doctrine seulement. Est-ce qu'ils ont passé leur temps, comme nous, le front penché sur la charrue ou la tête inclinée sur les métiers ? Ont-ils brûlé leurs yeux en surveillant leurs fourneaux, demandant à un labeur incessant et rude le pain de chaque jour ?

Non, c'est tranquillement, devant leur feu, les pieds sur les chenets qu'ils ont décrété la doctrine. Assez longtemps ces apôtres nous ont dit de faire ce qu'ils ont rêvé ; à nous maintenant de leur dire ce que nous avons fait, ce que nous avons appris, ce que nous avons souffert. (*Applaudissements.*)

J'arrive à la dernière partie de ma tâche. Qu'allons-nous faire et à quelle décision allons-nous nous arrêter ?

J'ai dit quelles avaient été les hésitations de nos pères, quelle est la situation actuelle, quels sont les systèmes en présence ; il s'agit de savoir quelles résolutions nous allons prendre.

Il s'est formé aujourd'hui de grandes associations industrielles pour la défense des intérêts communs ; en présence de la crise, les agriculteurs ont répondu aussi avec empressement à l'appel de ceux qui les engageaient à s'entendre. Vous rappellerai-je les réunions de la Société des agriculteurs de

France, au grand hôtel de Paris, du 17 au 22 janvier dernier? Vous rappellerai-je la réunion des présidents de Comices agricoles accourant, le mois dernier, à la voix de M. Estancelin ?

L'Association de l'industrie française, au nom de laquelle j'ai l'honneur de parler, comprend les industries houillères et métallurgiques, les armements maritimes, les constructions mécaniques et navales, la quincaillerie, l'horlogerie, les produits chimiques, les industries textiles des fils et tissus de coton, de lin, de chanvre, de jute, de laine cardée, etc., la draperie, les tapis, les fabriques de couvertures de laine, de biscuits de mer, etc., etc.

Cette réunion si complète, qui compte dans son sein tous les grands noms de l'industrie française, présente ce précieux avantage de démentir l'opposition d'intérêts qu'invoquait le pouvoir quand une branche de l'industrie réclamait une protection.

Aux maîtres de forge, par exemple, on disait : les constructeurs réclament le fer et l'acier à bon marché ; aujourd'hui les constructeurs répondent : nous avons assez de l'Angleterre et de la Belgique, assez de ses produits, de ses agissements, de sa jurisprudence.

Cet accord nous a permis de rédiger une résolution que j'aurai, dans quelques minutes, l'honneur de placer sous vos yeux en sollicitant votre adhésion pour une rédaction qui émane d'hommes certainement pratiques et éclairés.

Examinons ce qui s'est passé à la réunion annuelle de la Société des agriculteurs de France. Cette

réunion était présidée par M. le marquis de Dam-
pierre, qui, avec grande raison, a exposé que l'a-
griculture est une industrie et que sa cause ne doit
pas être séparée de celle des autres industries. La
parole ayant été donnée à M. le secrétaire général,
M. Lecouteux, celui-ci a fait un exposé dont, du
reste, la conclusion est en désaccord avec ce qui a
été décidé plus tard par la presqu'unanimité des
membres de la Société.

« L'agriculture traverse une crise qu'on ne saurait
nier, dit-il, nous souffrons parce que nous sommes
obligés de payer des droits à l'industrie. Supprimez
les droits à l'industrie, ne nous donnez rien à nous,
et vous aurez consacré les grands principes de la
liberté et d'égalité dont la France vit. »

C'était très-joli! Sans doute, on vit de liberté et
d'égalité, mais on en meurt aussi. Et il ne faut pas
que la France meure. (*Très-bien, très-bien.*) Cherchons
l'égalité, non pas dans la mort, mais dans la vie.
Si l'industrie a trouvé un moyen de protéger son
existence, appliquons-le ensemble et ne disons pas
que nous allons nous confondre dans le même trépas.
(*Très-bien.*)

Dans l'Ariége on peut trouver un exemple pratique qui nous montrera ce que c'est que l'égalité
quand elle est mal appliquée.

Vous connaissez les théories des économistes et
celles des socialistes. Les premiers veulent que
l'homme, agissant dans un milieu de liberté aussi
grand que possible, y jouisse des facultés qu'il tient
de Dieu ou qu'il a acquises par son travail et ses

efforts. Les socialistes passent pour être plus avancés dans la pratique de l'égalité et de la liberté. Ils attendent tout de l'État, qui est souverain maître, souverain juge, souverain vendeur; c'est lui qui dira à chacun ce qu'il doit faire ; il surveillera, dirigera tout, tout le monde sera égal devant lui, etc., etc.

Je ne connais qu'un exemple de socialisme ; il est dans ce département ; c'est un type étrange, le seul qui soit en France. Cet exemple est à Vic-dessos, dont les habitants sont des gens très-hon-nêtes, très-laborieux, qui exploitent la mine de Rancié par un système d'organisation tout particulier. L'État est directeur des travaux par ses ingénieurs, dont le traitement est prélevé sur les produits de la mine, laquelle est exploitée par quatre cents mineurs, dont la profession constitue un droit héréditaire. L'administration est faite par huit jurats, dont le salaire est aussi prélevé sur celui des ouvriers. Chaque mineur fait 4 voltes de 60 kilos, par jour, le prix du minerai est fixé par l'administration re-présentée par le préfet. Est-ce assez complet! Comme ce prix est fixé à 0 fr. 60 par volte, il s'en suit que le gain de chaque homme est de 2 fr. 40 par jour, quelle que soit sa force, son intelligence, ses chances, son habileté. Ils sont tous réduits à 2 fr. 40. Voilà le principe d'égalité dans toute sa force, voilà l'idéal du bonheur, de la liberté ! (On rit.)

Quel est le résultat de ce système? C'est que ces pauvres gens, qui forment une population intéres-sante, qui a donné tant de preuves de dévouement au pays, et la concession de cette mine est la consécration de ces dévouements, ne peuvent pas produire le minerai à un prix inférieur à 10 ou 11 francs la tonne, et ne peuvent pas gagner plus de 2 fr. 40 par jour.

A côté d'eux se trouve la mine de Puymorens, où chaque ouvrier est libre; celui qui est plus intelligent, plus laborieux ou plus heureux gagne davantage; là est la liberté, là est l'égalité vraie, non pas avec des entraves égales pour chacun, mais avec des facilités égales pour tous. Il en résulte que, pendant que, à Rancié, le mineur produit de la mine qui revient de 10 à 11 francs et lui rapporte 2 fr. 40 par jour, à Puymorens, le mineur produit un minerai qui ne revient qu'à 4 francs la tonne, et gagne, par jour, 6, 7 et même 9 francs. Voilà les résultats; je vous demande si les faits ne disent pas de quel côté est la vérité dans ces deux systèmes. (*Très-bien.*)

Il ne suffit donc pas de parler d'égalité et de liberté, il faut d'abord bien comprendre ces mots et ensuite les bien appliquer.

Les agriculteurs n'ont pas adopté les conclusions du rapport de M. le secrétaire général, et ils ont demandé, en résumé, un droit protecteur de 10 0/0 sans qu'aucune industrie ne jouisse d'un droit de plus de 20 0/0.

Dans l'*Association de l'industrie française*, je crois qu'on a été beaucoup plus sage; on a pris des conclusions sur lesquelles j'appelle votre attention.

En résumé, une proposition a été faite par le gouvernement aux chambres, pour établir des droits nouveaux, dont l'ensemble formerait un tarif général nouveau. Les chambres ont nommé une commission qui s'est livrée à une enquête approfondie. Pendant le même temps, le Sénat, saisi d'une proposition relative à la nomination d'une commission chargée de rechercher les causes de la crise industrielle, a nommé de son côté une commission pour interroger les industries qui souffrent ; elle a invité les intéressés à venir déposer devant elle. Les deux commissions ont eu tous les éléments d'informations possibles. L'enquête a été faite par des hommes compétents, choisis, qui avaient à leur disposition tous les éléments d'informations qu'on pouvait désirer. Ces commissions savent quelles sont les souffrances et quels droits il faut mettre pour y apporter remède. Nous demandons que la Chambre des députés adopte un tarif minimum basé sur les demandes des industries diverses et reconnues comme indispensables à leur existence ; que ce tarif minimum ne soit jamais dépassé en aucune circonstance. Dans le cas d'un traité de commerce, on ne pourrait descendre au-dessous de ce tarif. Voici, du reste, comment nos résolutions sont formulées :

« L'*Association de l'industrie française*,

« Émet le vœu que tous les efforts de son comité tendent à ce que, dans le plus bref délai, la commission des tarifs de douane présente et que le gouvernement et les chambres acceptent un tarif minimum basé sur les réclamations des diverses industries devant les commissions d'enquête, conditions reconnues indispensables pour l'existence de ces industries; insiste pour que ce tarif ne puisse être abaissé en aucune circonstance par des conventions particulières et que le tarif général soit de 33 0/0 plus élevé que le tarif minimum. »

L'*Association* demande, en outre, qu'aucun traité ne soit conclu ou tout au moins qu'aucune négociation ne soit entamée avant qu'une expérience de deux années, au moins, ait permis d'expérimenter les nouveaux tarifs.

Vous voyez, Messieurs, que ces revendications sont basées sur le bon sens. Rien n'est plus simple. Elles ne formulent pas de chiffres, elles sont normales, équitables, justes. Nous ne disons pas : vous ferez ceci, nous disons : vous savez ce qu'il faut à telle industrie et vous savez quelles sont les industries dont le pays a besoin. Voilà notre tarif minimum, donnez-le nous. Si vous traitez avec un pays, réservez-nous ce tarif. Est-il possible d'être plus modéré? Et voilà la demande des hommes qu'on a taxés d'adversaires du pays, de rétrogrades, d'infections protectionnistes! (*Très-bien, très-bien.*)

Vous me pardonnerez, j'en suis sûr, de vous avoir retenus si longtemps. Si j'ai pu vous convaincre, si j'ai pu obtenir votre adhésion, cette adhésion, n'en doutez pas, sera d'un poids énorme sur l'esprit de ceux à qui nous avons confié le mandat de nous représenter. Ils tiennent en ce moment, dans leurs mains, la fortune et les destinées de la France; à nous de les guider dans la lourde et noble tâche que le pays leur a confiée. Et puis un jour, quand notre belle France aura retrouvé sa sécurité et sa prospérité dans son travail, quand les peuples qui nous environnent contempleront d'un œil jaloux notre pays dans sa splendeur nouvelle, c'est avec un légitime orgueil que vous jetterez les yeux sur ce magnifique spectacle en vous disant qu'il est aussi votre œuvre. (*Applaudissements prolongés.*)

M. LE COMTE DE HOUDETOT, président. — Quelqu'un demande-t-il la parole ?

Si personne ne demande la parole, m'autorisez-vous à dire à M. Aclocque que vous êtes favorables aux conclusions qu'il vient de vous présenter ?

(*Une double salve d'applaudissements éclate dans la salle*).

M. LE PRÉSIDENT. — Le bureau prend acte de votre réponse.

La séance est levée.

Foix, typographie et lithographie POMIÈS.